はしがき

Ⅰ（ⅰ〜ⅲ頁）　筆者が本書で特に強調したいことは、

①憲法の要求する投票価値の平等に反する選挙で選出された国会議員が、国会活動する**正統性を欠き**又は総理大臣に就任して行政権を行使する**正統性を欠くこと**；

②主権者たる国民が、かかる**正統性を欠く国会議員による国家権力行使**により、**毎日被害を〜**

③現在、両院のいずれ 〜〜〜〜〜〜〜〜〜〜〜 ）選出選挙と比例代表選出選挙の〜 〜〜〜〜〜〜〜 両院のいずれでも、定足数（憲法5 〜〜〜〜〜〜 小選挙区）または参院選（選挙区）において、全ての小選挙区又は選挙区で選挙無効となっても、両院のいずれも、**国会活動を100％有効に行えること**、よって、選挙無効判決によって、何らの憲法の「所期」しないような不都合は生じないこと；

④したがって、最高裁は、**選挙無効判決による国民の権利回復の利益と、選挙無効判決により生じ得る憲法の「所期」しない不都合等の比較衡量**によって、選挙の有効・無効を決する**昭和60年大法廷判決（衆）の事情判決の法理**により、憲法の要求する投票価値の平等の要求に反する選挙につき、**選挙無効**の判決をすべきこと

の4点である。

　筆者もそのうちの一人である、主権者たる国民は、【現内閣総理大臣や現国会議員が、国家権力を行使する**正統性を欠いている**という**生々しい事実**】を腹の底から深刻に考えるよう求められる。

　下記1（ⅱ〜ⅲ頁）で、【**憲法は、正統性を欠く国会議員の国家権力の行使を許容しないこと**】について、簡単に触れ、下記2（ⅲ頁）で、【**昭和60年大法廷判決（衆）の事情判決の法理**によれば、無効判決が出た場合の、**利益の比較衡量**によって、選挙の有効、無効が決まること】について、簡

単に触れたい。

1

　1）　平成26年大法廷判決（参）において、**5判事**（金築誠志、櫻井龍子、岡部喜代子、山浦善樹、山﨑敏充）は、補足意見として、

　　「しかし，投票価値の不均衡の是正は，議会制民主主義の根幹に関わり，国権の最高機関としての国会の活動の**正統性**を支える基本的な条件に関わる極めて重要な問題であって，違憲状態を解消して民意を適正に反映する選挙制度を構築することは，国民全体のために優先して取り組むべき喫緊の課題というべきものである。」（強調　引用者）

と記述している。

　すなわち、同5判事は、「投票価値の不均衡の是正は、国会活動の**正統性**を支える基本的な条件に関わる重要な問題」である、と喝破している。

　さらに、同平成26年大法廷判決（参）では、山本庸幸判事が、**違憲無効**判決を言渡すべしとの反対意見であり、鬼丸かおる、大橋正春、木内道祥の3判事も、**違法宣言**判決を言渡すべしとの反対意見である。

　つまり、平成26年大法廷判決（参）の全15判事のうち、**9判事**（＝同5判事＋同1判事＋同3判事）が、投票価値の不均衡の是正は、国会活動の**正統性**を支える基本的な条件に関わる重要な問題である旨の意見であると解される。

　2）　**正統性を欠く国会議員が国家権力を行使する場合、【正統性を欠く国会議員の国家権力の行使の対象が国民であること】**、かつ**【正統性を欠く国家権力が、毎日、国民に対して行使されている冷酷な現実】**に注意が向けられるべきである。

　司法は、憲法に基づいて、かかる**正統性を欠く**国会議員の国家権力の行使を直ちに止めさせる権力を有しかつそうする義務を負う（憲法81条、76条3項、99条）（第3章Ⅰ2〜3〈本書60〜68頁〉参照）。

3）　2012年以降から今日まで安倍元総理大臣が、国民に提起し続けている憲法改正について言えば、憲法の投票価値の平等の要求に反する選挙で選出された**正統性を欠く国会議員を含む国会の憲法改正の発議**は、そもそも憲法の予定していないことであって、**当該憲法改正の国会発議自体が憲法違反**である。

　しかし、安倍政権時代の過去約8年間に発表された多数の改憲反対の憲法学者の論文、発言をみると、【**正統性を欠く国会議員による憲法改正の国会発議自体、違憲であるという論点**】は、議論されてこなかった。

　しかしながら、憲法改正の是非の議論の中で、当該論点が、国民の間でまず初めに議論さるべき論点である。

　2　昭和60年大法廷判決（衆）の事情判決の法理は、選挙無効判決の場合に、原告側に発生する不利益と公益上発生する不利益を**比較衡量**して、その結果により、選挙の有効・無効を決する法理である。

　この事情判決の法理を本件選挙（1票の較差：1対3.00）に当てはめると、2019年参院選（選挙区）は、選挙無効判決が出た場合の、原告らの被る不利益と公益上の損害の比較衡量の結果、原告らの不利益（すなわち、憲法の要求する投票価値の平等に反する選挙で選出された**正統性を欠く**、国会議員および内閣総理大臣の国家権力の行使を受けるという原告らの毎日の被害）が公益上の損害より大きいので、選挙無効の判決が言渡されるべきこととなろう（第3章I2～3〈本書60～68頁〉参照）。

Ⅱ　本『統治論に基づく人口比例選挙訴訟Ⅲ』（日本評論社、2021年5月3日）は、弊著『統治論に基づく人口比例選挙訴訟』（日本評論社、2020年3月31日）および同『統治論に基づく人口比例選挙訴訟Ⅱ』（日本評論社、2020年9月30日）を補充するものである。本書は、2019年7月参院選（選挙区）・選挙無効請求事件の上告審での原告ら（以下、選挙人らともいう）準備書面(2)～(3)の主張に沿うものである。筆者は、本書での本件裁判の選挙人らの主張の詳細の公開は、日本の選挙無効訴訟の判例研究の発展のた

めに資すると考える。

　筆者は、共同訴訟代理人たる久保利英明弁護士、伊藤真弁護士、黒田健二弁護士等からの議論・助言・示唆を得て、選挙人ら準備書面(2)〜(3)および本書を執筆した。ここに記して、謝意を表したい。

目　　次

4　【平成29年大法廷判決（参）の敢えて、3年毎の半数改選ルール（憲
　法46条参照）を再度持ち出して、それを理由に、「参議院議員の選挙に
　おける投票価値の平等は、」「二院に係る上記の憲法の趣旨との調和の下
　に実現さるべきである」との判示（本書43頁）】は、【平成26年大法廷判
　決（参）の、「参議院議員につき任期を6年の長期とし，解散もなく，
　選挙は3年ごとにその半数について行うことを定めている（46条等）。」
　こと（すなわち、参院選の3年毎の半数改選のルール）を考慮したうえで、
　「参議院議員の選挙であること自体から，直ちに投票価値の平等の要請
　が後退してよいと解すべき理由は見いだし難い。」とする判示（本書

［凡例］

1．判例、文献等については、以下の略語を用いる場合がある。

大法廷判決	最高裁判所大法廷判決
最大判（決）	最高裁判所大法廷判決（決定）
最判（決）	最高裁判所小法廷判決（決定）
高判（決）	高等裁判所判決（決定）
地判（決）	地方裁判所判決（決定）
民集	最高裁判所民事判例集
刑集	最高裁判所刑事判例集
集民	最高裁判所裁判集民事
訟月	訟務月報
判時	判例時報
判タ	判例タイムズ
選挙人（又は選挙人ら）	筆者ら弁護士グループが原告ら（以下、選挙人らという）を代理して提訴した、選挙無効請求訴訟の原告（又は原告ら）
本件選挙	2019年7月21日施行参院選（選挙区）（ただし、選挙当日の選挙区割りの1票の最大較差は、1対3.00)
本件裁判	筆者ら弁護士グループが代理して提訴した、本件選挙の選挙無効請求訴訟
平成27年改正法	公職選挙法の一部を改正する法律　平成27年法律第60号
平成28年改正法	公職選挙法の一部を改正する法律　平成28年法律第49号
平成30年改正法	公職選挙法の一部を改正する法律　平成30年法律第75号

2．被引用文の中の漢数字は、算用数字に変更した。

第1章 不当な判例変更：(本書1～44頁)

1 不当な判例変更（その1／平成26年大法廷判決（参）の【「二段階の判断枠組み」のうちの①段階の審査での「違憲状態か否か」の判断基準】の、平成29年大法廷判決（参）による不当な判例変更）：(本書1～20頁)

> **【要約】**平成26年大法廷判決（参）の投票価値の較差に関する二段階の判断枠組み（以下、「二段階の判断枠組み」ともいう）のうちの①段階の審査での「違憲状態か否か」の判断基準は、平成29年大法廷判決（参）によって不当に判例変更されたので、現在もなお、最高裁判所（ただし、大法廷を含む）及び下級審裁判所に対し、判例として拘束力を有す。

(1) 平成26年大法廷判決（参）の「二段階の判断枠組み」は、現在もなお、判例として拘束力を有す：(本書1～4頁)

　ア　判例は下級審裁判官および最高裁裁判官（ただし、大法廷、小法廷を問わない）に対して、判例として拘束力を有する[1]、[2]。

---

1) **君塚正臣横浜国立大学教授**「判例の拘束力」横浜法学第24巻第1号（2015年）91頁は、

　　「先例拘束力とは、裁判所、司法であれば、法の支配や平等などの要請をもって、当該判決が後のまさに当該裁判所を拘束することに意味がある以上、**原理的に最上級審と下級審とで議論を区別するべきではない。[61]**」（強調　引用者）

　　　61）田中英夫『英米法研究1－法形成過程』7頁（東京大学出版会、1987年）と記述する。

2) **高橋一修法政大学教授**「先例拘束性と憲法判例の変更」芦部信喜編『講座 憲法訴訟（第3巻）』142頁（有斐閣、1987年）は、

　　「英米法においても、**先例法理の内容は、簡単には①上級審は自らの先例に拘束される、②下級審は上級審の先例に拘束されると説明される**[7]が、**②は①を前提として初めて意味をもつのであるから、先例拘束性の核心は前者にあると考えるべきである。**このことを意識することは、樋口教授が指摘するごとく、**「先例法理を最上級審自身が少なくともなんらかの形で意識してきた社会では、下級審が**先例法理に敬意を払いつつもその射程を限定することによって当該事件の適切妥当な判断を導き出す、というゆき方のもちうる積極的意味が理解されやすいのに対し、自分自身ははじめからどんな意味でも先例に拘束されない、という前提から出発するところでは、そのような理解は求めがたくなる[8]」という傾向を「抑止する課題」にとり組むためにも必要と思われる。」（強調　引用者）

イ　判例の拘束力の問題で対象となる憲法判例は、1回の判決で足り、反復性は要件とされない[3]。

　　米国でも、1回の判決で憲法判例とされる[4]。

ウ　（本書2～3頁）

　　　　⑴田中和夫・英米法概説（再訂版）125、198～201頁（1986年）。
　　　　⑹樋口陽一「判例の拘束力・考」佐藤功古稀・日本国憲法の理論678～79頁（1986）。
　　　　⑺田中・前出注⑴⑺156頁。
　　　　⑻樋口・前出注⑹679頁。
　　と記述する。
3）**中野次雄**前早稲田大学客員教授・元大阪高等裁判所長官　中野次雄編『判例とその読み方』8頁（有斐閣、1991年）。
　佐藤幸治京都大学名誉教授『現代国家と司法権』354頁（有斐閣、1988年）注⑵参照。
　向井久了帝京大学教授「155「判例の法源性」338頁（ジュリスト増刊、2008）は、「　判例の法源性（先例拘束性）を問題とする場合，「判例」および「法源」の意義について触れておく必要がある。判例は，必ずしも明確に定義されているわけではないが，①個別の判決例の意味，②反覆された同旨の判決の意味（「例」のうちに反復性の意味をこめるものである），③判決の基礎とされた一般法理の意味，④「念のため」に付加された「なお」書き判示などの意味で用いられている（芦部信喜『憲法講義ノートⅠ』［1986］62頁参照）。先例拘束性の原理において問題となる「判例」は，主として裁判の準則との関係において問題とされるのであるから，③の意味での用法であり，**反覆性は要件とされない。**」（強調　引用者）
　　と記述する。
4）**樋口陽一**東京大学名誉教授「判例の拘束力・考」芦部・清水編『日本国憲法の理論』692～693頁（有斐閣、1986年）は、
　　　「その点は、一方で英米につき、「裁判所が同旨の判決を繰り返した場合……に限って拘束力を認めるという考え方は、とらない。**その点についての唯一の判決でも、判例としての尊重をうける**」とされ[27]、他方でフランスでは、反対に、「個別の一箇の判決」の問題でなく「一連の諸判決」の問題が「判例」の問題なのだ、という区別が比較的はっきりと意識されている[28]のとくらべて、大きなちがいである。」
　　　(27) 田中英夫『英米法総論・下』前出、475頁。
　　　(28) この点につき、拙稿「憲法学の対象としての『憲法』——フランスの場合を素材として——」『法学協会百周年記念論文集』第二巻（1983年、有斐閣）247頁。
　　と記述する。

憲法判例の判例として拘束力を有する部分は、「**憲法判決中の法律など
の合憲・違憲の結論それ自体ではなく、その結論に至る上で直接必要とさ
れる憲法規範的理由づけ**（すなわち、米国法でいうところの ratio decidendi
の部分。引用者　注）」である[5]。

　平成26年大法廷判決（参）の「二段階の判断枠組み」のうちの①段階の
審査での「違憲状態か否か」の判断基準（判例）（下記(2)イ(ア)〈本書5～6
頁〉参照）が、上記の拘束力のある判例の定義（「憲法判決中の法律などの」
「違憲・合憲の結論に至る上で直接必要とされる憲法規範的理由づけ」）の要件
を充足しているか否かを検討すると、
　①段階の審査で、選挙が、「違憲状態か否か」を判断し、「否」という判
断であれば、**直ちに**「違憲状態でなく、合憲」との結論に至るので、平成
26年大法廷判決（参）の「二段階の判断枠組み」のうちの①段階の審査で
の「違憲状態か否か」の判断基準（判例）は、「憲法判決中の法律などの
合憲・違憲の結論」「に至る上で直接必要とされる憲法規範的理由づけ」
の判例の定義の要件を満たす、と解される。

　エ　最高裁は、平成26年大法廷判決（参）を民集68巻9号1363頁に掲載

5）佐藤幸治京都大学名誉教授『憲法〔第三版〕』27頁（青林書院、2003年）は、憲
　　法判例について、
　　「　そもそも判例が**法源性**を有するか否かについては議論の存するところである
　　　が、既に示唆したように、憲法判例を含めて**積極**に解さるべきであり（わが国の
　　　現行法上、憲法判例は、民事・刑事・行政の各具体的事件の解決に必要な限りに
　　　おいてなされる、憲法典に関する解釈にかかわる判例として成立する）、最高裁
　　　判所の憲法判決は先例拘束性をもつと解される。それは、日本国憲法の定める司
　　　法権がアメリカ流のものと解されるということのほかに、基本的には**同種の事件
　　　は同じように扱わなければならない**という**公正の観念**によるものであり、日本国
　　　憲法の解釈論的にいえば、憲法14条の法の下の平等原則、32条の裁判をうける権
　　　利（ここでの裁判は当然に公正な裁判の意でなければならない）、および憲法31
　　　条の定める罪刑法定主義に根拠する。但し、その場合、**先例として拘束力をもつ
　　　のは、憲法判決中の ratio decidendi の部分**であって、法律などの合憲・違憲の
　　　結論それ自体ではなく、**その結論に至る上で直接必要とされる憲法規範的理由づ
　　　け**である点が留意さるべきである。」（強調　引用者）
　　と記述する。

している。すなわち、最高裁は、自ら平成26年大法廷判決（参）を判例と認めている。

(2) 不当な判例変更の意味および法的効果：（本書4〜8頁）

ア 不当な判例変更の意味および法的効果（要約）（本書4〜5頁）

（ア）平成26年大法廷判決（参）の投票価値の較差に関する「二段階の判断枠組み」のうちの①段階の審査での客観的指標たる較差の値によって「違憲状態か否か」を判断する判断基準は、「法律などの合憲・違憲の結論」「に至る上で直接必要とされる憲法規範的理由づけ」であるので、判例として拘束力を有する（上記(1)**ウ**〈本書2〜3頁〉参照）。

すなわち、平成26年大法廷判決（参）の「二段階の判断枠組み」のうちの①段階の審査での「違憲状態か否か」の判断基準は、判例であるので、平成29年大法廷判決（参）による判例変更が不当である限り、判例として、爾後に判決された平成29年大法廷判決（参）を拘束する。

（イ）ところが、平成29年大法廷判決（参）は、平成26年大法廷判決（参）の「二段階の判断枠組み」のうちの①段階の審査での「違憲状態か否か」の判断基準（判例）に**矛盾**する、「違憲状態」の成否に関する新しい判断基準（以下、「新しい判断基準」ともいう）を採用して、当該選挙は、「違憲状態ではない」旨の結論を導いた（下記**イ(イ)**〈本書6頁〉参照）。

しかしながら、平成29年大法廷判決（参）の「新しい判断基準」は、その判決理由中に、平成26年大法廷判決（参）の「二段階の判断枠組み」のうちの①段階の審査での「違憲状態か否か」の判断基準（判例）がどの点で誤りであり、そのため判例変更が必要であった、という判例変更の理由を示していないので、**不当な判例変更**であると解される[6]。

6）**佐藤幸治**京都大学名誉教授は、佐藤幸治『**憲法訴訟と司法権**』286頁（日本評論社、1984年）で、
「その変更（すなわち、判例変更　引用者注）に際しては、先例に適正な配慮を**払いつつもなおその変更を必要とする理由が示されなければならない**」（強調引用者）

(ウ)　一方で、平成29年大法廷判決（参）の「新しい判断基準」は、**不当な判例変更**に該当するので、判例変更の効力を生じない。

　他方で、平成26年大法廷判決（参）の「二段階の判断枠組み」のうちの①段階の審査での「違憲状態か否か」の判断基準（判例）が、現在もなお、判例として拘束力を有している、と解される。

　イ　不当な判例変更の意味および法的効果（詳説）：（本書5〜8頁）
【平成26年大法廷判決（参）の「二段階の判断枠組み」のうちの①段階の審査での「違憲状態か否か」の判断基準は、判例として拘束力を有す】
　(ア)　平成26年大法廷判決（参）は、
> 　参議院議員の選挙における投票価値の較差の問題について，当裁判所大法廷は，**これまで，①**当該定数配分規定の下での選挙区間における投票価値の不均衡が，違憲の問題が生ずる程度の著しい不平等状態に至っているか否か，**②上記の状態**（すなわち、「違憲状態」引用者注）**に至っている場合に，**当該選挙までの期間内にその是正がされなかったことが国会の裁量権の限界を超えるとして当該定数配分規定が憲法に違反するに至っているか否かといった判断の枠組みを前提として審査を行ってきており，」（強調　引用者）

と判示する（民集68巻9号1376頁）。

　上記**「上記の状態に至っている場合に，」**の文言が示すとおり、平成26年大法廷判決（参）の「二段階の判断枠組み」とは、

　①段階の審査で、「違憲状態」に至っていると判断された**後に、**

　②段階の審査に進んで、「違憲か否か」を判断するという、二段階の判断枠組み（判例）である。当該「二段階の判断枠組み」は、**選挙区割りの規定が「違憲か否か」の結論に至る過程で直接必要とされる理由づけ**であるから、判例の定義（すなわち、憲法判例の判例として拘束力を有する部分は、**「憲法判決中の法律などの合憲・違憲の結論」「に至る上で直接必要とされる憲法規範的理由づけ」**）に照らし、判例であり、**判例として拘束力を有すると**

_____

　　と記述する。

解される（上記(1)**ウ**〈本書2～3頁〉参照）。

【平成29年大法廷判決（参）の違憲状態の成否に関する「新しい判断基準」は、平成26年大法廷判決（参）の「二段階の判断枠組み」のうちの①段階の審査での「違憲状態か否か」の判断基準（判例）に矛盾する】

(イ)　一方で、平成26年大法廷判決（参）は、

①段階の審査で、当該選挙の選挙区間の最大較差が4.77倍（当該選挙時で）であったことを認めて、当該選挙は、「違憲状態」に至っていると判断した**後**に、②段階の審査に進み、

②段階の審査で、（選挙制度の抜本的見直しについて引き続き検討を行い結論を得るものとする旨を附則に定めた）平成24年改正法が存在すること等の当該選挙以降の選挙の選挙区割り規定の較差是正に向けての**国会の努力**が存在するので、当該選挙までの期間内に較差是正がされなかったことが国会の裁量権の限界を超えているとは言えないとして、違憲状態判決を言渡した。

他方で、平成29年大法廷判決（参）は、

1　「違法判断の基準時」たる本件選挙投票日の時点での、本件選挙の選挙区割り規定の各選挙区間の選挙人数較差（最大）が、１対3.08という事情と

2　「今後における投票価値の較差是正に向けての方向性と立法府の決意」の存在という、**2つの事情**

を総合考慮して、「投票価値の不均衡は、違憲の問題が生ずる程度の著しい不平等状態にあったものとはいえ（ない）」と判示した。

すなわち、平成29年大法廷判決（参）は、平成26年大法廷判決（参）の「二段階の判断枠組み」（判例）の中の②段階の審査で判断さるべき、当該選挙以降の選挙のための較差是正に向けての**国会の努力**という事情を、①段階の審査の「違憲状態か否か」の判断過程に**混入**させて併せ考慮し、「違憲状態ではない」と判示したのである。

この平成29年大法廷判決（参）の違憲状態の成否に関する「新しい判断

基準」は、平成26年大法廷判決（参）の投票価値の較差に関する「二段階の判断枠組み」の①段階の審査における「違憲状態か否か」の判断基準（判例。上記(ア)〈本書5～6頁〉参照）に**矛盾する**。すなわち、これは、**判例変更**である。

【平成29年大法廷判決（参）の判例変更は、判例変更が必要である理由づけを欠くので、不当な判例変更である】

(ウ)A　平成29年大法廷判決（参）が、平成26年大法廷判決（参）の「二段階の判断枠組み」の①段階の審査における判断基準（判例）を正当に判例変更するためには、平成26年大法廷判決（参）の判決言渡日の僅か3年後に、「違憲状態の成否」に関する「新しい判断基準」を**必要**とするに至った、説得力十分な**判例変更の理由**を、判決理由の中に記述することが必要である。

けだし、国民と他の国家機関（すなわち、立法府および行政府）が司法に対して求める、**司法の安定・公平**の確保に資するために、一旦成立した判例を変更する場合には、判決理由中に、先行する判例を変更して、当該新しい判例を創らざるを得なくなった**必要性**の理由づけを**十分なる説得力**をもって記することが要求されるからである（下記3(1)〈佐藤幸治著書　本書22～23頁〉；3(2)〈芦部信喜論文　本書23～25頁〉；3(3)〈伊藤正己論文　本書25～27頁〉；3(5)〈高橋一修論文　本書28～32頁〉；3(6)〈松井茂記論文　本書32～33頁〉；3(7)〈浦部法穂論文　本書33～35頁〉；3(8)〈君塚正臣論文　本書35～36頁〉；3(9)〈向井久了論文　本書36～37頁〉；3(11)〈畑博行論文　本書38～39頁〉参照）。

B　さらに言えば、**説得力十分な判例変更の理由**を判決理由中に示すことが、判例変更が恣意的に行われることにより、国民および他の国家機関（すなわち、立法府および行政府）の間に必然的に生じ得る、**司法の安定・公平に対する信頼・尊敬の崩壊**を止め得ることに**直結**するからである[7]。

C　さらに重ねて言えば、**財布も剣も持たない司法**が、憲法の予定する
とおり、行政府と立法府の権力濫用阻止のための国家機関として機能する
ためには、国民および他の国家機関（立法府および行政府）からの、**【司
法の安定・公平】**に対する**信頼・尊敬**の確保・維持が不可欠だからである。

　D　ところが、平成29年大法廷判決（参）の当該違憲状態の成否に関す
る「新しい判断基準」は、判決理由中に、**【判例変更が必要であることの
理由づけ】**を全く欠いている。
　よって、これは、平成26年大法廷判決（参）の「二段階の判断枠組み」
の①段階の審査における「違憲状態か否か」の判断基準（判例）の**不当な
判例変更**である、と解される。

**【不当に判例変更した平成29年大法廷判決（参）の「新しい判断基準」は、
判例として拘束力を有しない】**

　(エ)　一方で、平成29年大法廷判決（参）の「新しい判断基準」は、判例
変更を必要とした理由を判決理由中に記述していないので、平成26年大法
廷判決（参）の投票価値の較差に関する「二段階の判例枠組み」のうちの
①段階の審査での「違憲状態か否か」の判断基準（判例）の**不当な**判例変
更に該当し、判例としての拘束力を有しない。
　他方で、平成26年大法廷判決（参）の「二段階の判断枠組み」のうちの
①段階の審査での「違憲状態か否か」の判断基準（判例）は、平成29年大
法廷判決（参）の「新しい判断基準」による判例変更が**不当**であるが故に、
現在もなお、判例として拘束力を有している、と解される。

(3)「最高裁判所判例解説」平成29.9.27（民事関係）の中の当該記述：
（本書8～10頁）

　ア　「最高裁判所判例解説」平成29.9.27（民事関係）（中丸隆最高裁判所
調査官執筆）2297頁（法曹時報70巻8号215頁）の「(注15)」は、

7）芦部信喜東京大学名誉教授『憲法訴訟の理論』28～29頁（有斐閣、1973年）

「平成27年改正法附則7条の定めについては、立法府の将来の行動に関する事情として前記第3の1②

（すなわち、「最高裁判所判例解説」平成29.9.27（民事関係）（中丸隆最高裁判所調査官執筆）2286頁のうちの「第3」の「1」の「②」（すなわち、「②当該選挙までの期間内に当該不均衡の是正がされなかったことが国会の裁量権の限界を超えるに至っているか否か」）を指す〈上記(2)イ(ア)（本書5～6頁）参照〉。引用者注）

の判断において**考慮することも考えられるが、……**」（強調　引用者）

と**記述**する。

　すなわち、中丸隆最高裁判所調査官は、同記述のとおり、【平成27年改正法附則7条の定め（すなわち、更なる較差是正の要素）を、参院選（選挙区）の投票価値の較差についての「二段階の判断枠組み」の②段階の審査で、**考慮し得ること**】を自ら認めている。

　すなわち、同論文は、【当該選挙以降の選挙の較差是正のための**国会の努力**（平成27年改正法附則7条に関する事情）は、平成26年大法廷判決（参）の投票価値の較差に関する「二段階の判断枠組み」のうちの②段階の審査の判断で、これを考慮することも考えられるが、平成29年大法廷判決（参）では、そうはしないで、①段階の審査の判断で、これを考慮したこと】を自ら認めている。

　すなわち、同論文は、平成26年大法廷判決（参）の「二段階の判断枠組み」のうちの①段階の審査での判断基準（判例）が、どの点で誤っており、それを正すために判例変更が必要であったという、判例変更の必要性の事由を記述していない。

　よって、平成29年大法廷判決（参）の「新しい判断基準」は、**不当な判例変更**と解される。

　判例変更が**不当か否か**の論点において、【「最高裁判所判例解説」平成29.9.27（民事関係）（中丸隆最高裁判所調査官執筆）2297頁が、当該【判例変更が必要である理由を記述していないこと】を実質的に**自ら認めていること**】は、**座視できない重大な事柄**である。

　イ　上記**ア**の当該**記述**のとおり、平成29年大法廷判決（参）は、

【[1] 平成26年大法廷判決（参）の「二段階の判断枠組み」のうちの①段階の審査での「違憲状態か否か」の判断基準（判例）が、どの点で誤っており、かつ

[2] その誤りを正すために、平成29年大法廷判決（参）の当該②段階の審査での判断の要素（すなわち、更なる較差是正に関する要素）を当該①段階の審査での考慮要素の中に**混入**させて考慮し、本件選挙は、違憲状態ではない旨結論づける「新しい判断基準」を創る**必要があること**】について、国民と他の国家機関（立法府および行政府）を説得するに足る**判例変更の理由**】を判決理由中に記述していない。

ウ よって、平成29年大法廷判決（参）の「新しい判断基準」は、判例変更を必要とする説得力十分な判例変更の理由づけを判決理由中に示していないので、**不当な判例変更**に該当し、そのため、判例変更としての拘束力を有しない。

他方で、平成29年大法廷判決（参）の「新しい判断基準」は不当な判例変更であるが故に、平成26年大法廷判決（参）の投票価値の較差に関する「二段階の判例枠組み」のうちの①段階の審査での「違憲状態か否か」の判断基準（すなわち、投票価値の最大較差の値という客観的指標によって、「選挙区割りが違憲状態か否か」を判断する判断基準）（判例）が、現在もなお、判例として拘束力を有している、と解される。

エ よって、平成26年大法廷判決（参）の当該判断基準（判例）に照らし、本件裁判の事実関係の下で、本件選挙（ただし、1票の最大較差・1対3.00）は、違憲状態と解される。

(4)【仮想の議論】とそれに対する反論：（本書10〜20頁）
ア（本書10〜12頁）
平成29年大法廷判決（参）（民集71巻7号1147〜1148頁）は、
「 3(1) 憲法は，選挙権の内容の平等、換言すれば、議員の選出における各選挙人の投票の有する影響力の平等、すなわち投票価値の平

等を要求していると解される。しかしながら、憲法は、国民の利害や意見を公正かつ効果的に国政に反映させるために選挙制度をどのような制度にするかの決定を国会の裁量に委ねているのであるから、**投票価値の平等**は、選挙制度の仕組みを決定する**唯一、絶対の基準となるものではなく**、国会が正当に考慮することができる他の政策的目的ないし理由との関連において**調和的に実現**されるべきものである。それゆえ、国会が具体的に定めたところがその裁量権の行使として合理性を有するものである限りそれによって投票価値の平等が一定の限度で譲歩を求められることになっても憲法に違反するとはいえない。

　憲法が二院制を採用し衆議院と参議院の権限及び議員の任期等に差異を設けている趣旨は、それぞれの議院に特色のある機能を発揮させることによって、国会を公正かつ効果的に国民を代表する機関たらしめようとするところにあると解される。前記2(1)においてみた参議院議員の選挙制度の仕組みは、このような観点から、参議院議員について、全国選出議員（昭和57年改正後は比例代表選出議員）と地方選出議員（同改正後は選挙区選出議員）に分け、前者については全国（全都道府県）の区域を通じて選挙するものとし、後者については都道府県を各選挙区の単位としたものである。昭和22年の参議院議員選挙法及び同25年の公職選挙法の制定当時において、このような選挙制度の仕組みを定めたことが、国会の有する裁量権の合理的な行使の範囲を超えるものであったということはできない。しかしながら、社会的、経済的変化の激しい時代にあって不断に生ずる人口変動の結果、上記の仕組みの下で**投票価値の著しい不平等状態**が生じ、かつ、それが相当期間継続しているにもかかわらずこれを是正する措置を講じないことが、**国会の裁量権の限界を超える**と判断される場合には、当該定数配分規定が憲法に違反するに至るものと解するのが相当である。

　以上は、**昭和58年大法廷判決以降**の参議院議員（地方選出議員ないし選挙区選出議員）選挙に関する**累次の大法廷判決の趣旨**とするところであり、**基本的な判断枠組み**としてこれを変更する必要は認められない。」（強調　引用者）

と記述する。

　ここで、議論のために、下記の【仮想の議論】が成り立つか否かを、下記**イ(ア)〜(ク)**〈本書12〜20頁〉で、検討する。

【仮想の議論】

『　平成29年大法廷判決（参）は、上記**ア**（本書10〜12頁）の「**昭和58年大法廷判決以降の参議院議員**（地方選出議員ないし選挙区選出議員）の選挙に関する**累次の大法廷判決**の趣旨たる**基本的判断枠組**」に繋がる、**平成21年大法廷判決（参）**の判断枠組みに沿って、

　　①　投票価値の最大較差・１対3.08に至るまでの圧縮および

　　②　「更なる較差是正に向けての方向性と国会の決意」という２つの事情の存在を考慮して、当該選挙は、違憲状態でない旨判示したものである。

　したがって、当該平成29年大法廷判決（参）の、【当該選挙は、「違憲状態ではない」との「新しい判断基準」】は、平成26年大法廷判決（参）の投票価値の較差に関する「二段階の判断枠組み」のうちの①段階の審査における「違憲状態か否か」の判断基準の判例変更には該当しない。』

イ　【上記【仮想の議論】に対する選挙人（原告）の反論】（本書12〜20頁）

【「昭和58年大法廷判決（参）以降の」参院選に関する「累次の大法廷判決の趣旨」】

　(ア)　昭和58（1983）年〜平成21（2009）年の期間中に、上記**ア**（本書10〜12頁）記載の**「基本的な判断枠組み」**に沿う合計７個の大法廷判決（参）が言渡された、①昭和58（1983）年大法廷判決（参）（民集37巻３号345頁）；②平成８（1996）年大法廷判決（参）[8]（民集50巻８号2283頁）；

8）平成8年大法廷判決（参）は、客観的指標たる投票価値の最大較差・１対6.59を認定し、更に

　「公職選挙法が採用した前記のような選挙制度の仕組みに従い、参議院（選挙区

選出）議員の全体の定数を増減しないまま選挙区間における議員一人当たりの選挙人数の較差の是正を図ることには技術的な限界があることは明らかであるが、**本件選挙後**に行われた平成六年法律第四七号による公職選挙法の改正により、総定数を増減しないまま七選挙区で改選議員定数を四増四減する方法を採って、選挙区間における議員一人当たりの選挙人数の最大較差が**一対四・九九**に是正されたことは、当裁判所に顕著である。

そうすると、**本件選挙当時の前記の較差**（一対六・五九　引用者　注）が示す選挙区間における投票価値の不平等は、前記のような参議院（選挙区選出）議員の選挙制度の仕組み、是正の技術的限界、参議院議員のうち比例代表選出議員の選挙については各選挙人の投票価値に何らの差異もないこと等を考慮しても、右仕組みの下においてもなお投票価値の平等の有すべき重要性に照らして、もはや到底看過することができないと認められる程度に達していたものというほかはなく、これを正当化すべき特別の理由も見出せない以上、**本件選挙当時、違憲の問題が生ずる程度の著しい不平等状態**が生じていたものと評価せざるを得ない。

2　そこで、次に、本件選挙当時、右の不平等状態が相当期間継続し、これを是正する何らの措置も講じないことが、前記のような国会の裁量的権限に係るものであることを考慮しても**その許される限界を超えていた**と断定すべきかどうかについて検討する。

昭和六一年七月六日施行の参議院議員選挙当時における選挙区間の議員一人当たりの選挙人数の最大較差が**一対五・八五**であったことは前記のとおりであるが、その後の較差の拡大による投票価値の不平等状態は、右較差の程度、推移からみて、**右選挙後でその六年後の本件選挙より前の時期**において到底看過することができないと認められる程度に至っていたものと推認することができる。

ところで、憲法が、二院制を採った上、参議院については、その議員の任期を**六年**としていわゆる**半数改選制**を採用し、その解散を認めないものとしている趣旨にかんがみると、参議院（選挙区選出）議員については、議員定数の配分をより**長期にわたって固定**し、国民の利害や意見を安定的に国会に反映させる機能をそれに持たせることとすることも、**立法政策として合理性を有する**ものと解されるところであり、公職選挙法が、衆議院議員については、選挙区割及び各選挙区ごとの議員定数を定めた別表の末尾に、五年ごとに直近に行われた国勢調査の結果によって更正するのを例とする旨の定めを置いていたのに対し、参議院（選挙区選出）議員の定数配分規定にはこうした定めを置いていないことも、右のような立法政策の表れとみることができる。そして、選挙区間における議員一人当たりの選挙人数の較差が当該選挙制度の仕組みの下において投票価値の平等の有すべき重要性に照らして到底看過することができないと認められる程度に達したかどうかの判定は、右の立法政策をふまえた複雑かつ高度に政策的な考慮と判断の上に立って行使されるべき国会の裁量的権限の限界にかかわる困難なものであり、かつ、右の程度に達したと解される場合においても、どのような形で改正するかについて、なお種々の政策的又は技術的な考慮要素を背景とした議論を経ることが必要となるものと考えられる。また、昭和六三年一〇月には、前記**一対五・八五**の較差について、いまだ違憲の問題が生ずる程度の著しい不平等状態が生じていたとするには足りないという前掲第二小法廷の判断が示されており、その前後

③同 10（1998）年 大 法 廷 判 決（参）（民集 52 巻 6 号 1373 頁）；④同 12（2000）年大法廷判決（参）（民集54巻 7 号1997頁）；⑤同16（2004）年大法廷判決（参）（民集58巻 1 号56頁）；⑥同18（2006）年大法廷判決（参）（民集60巻 8 号2696頁）；⑦同21（2009）年大法廷判決（参）（民集63巻 7 号1520頁）。

　同 7 個のうち 1 個（ただし、上記②平成 8 （1996）年大法廷判決（参）の違憲状態判決）を除き、残余の 6 個は、全て合憲判決であった。

【平成26年大法廷判決（参）の「二段階の判断枠組み」の内容】

　(イ)　ところで、平成26年大法廷判決（参）は、上記(2)イ(ア)（本書 5 頁）に示すとおり、

　　「　参議院議員の選挙における投票価値の較差の問題について，当裁判所大法廷は，**これまで，**

　　　①当該定数配分規定の下での選挙区間における投票価値の不均衡が，違憲の問題が生ずる程度の著しい不平等状態に至っているか否か，

　　　③**上記の状態に至っている場合に，**当該選挙までの期間内にその是正がされなかったことが国会の裁量権の限界を超えるとして当該定数配分規定が憲法に違反するに至っているか否かといった判断の枠組みを前提として審査を行ってきており，」（強調　引用者）

　　を通じ、本件選挙当時まで当裁判所が参議院議員の定数配分規定につき投票価値の不平等が違憲状態にあるとの判断を示したことはなかった。

　　以上の事情を総合して考察すると、本件において、選挙区間における議員一人当たりの選挙人数の較差が到底看過することができないと認められる程度に達した時から本性選挙までの間に国会が本件定数配分規定を是正する措置を講じなかったことをもって、その立法裁量権の限界を超えるものと断定することは困難である。」（民集50巻 8 号2291〜2294頁）（強調　引用者）
　　と判示した。

　　すなわち、同判決は、**客観的指標**たる投票価値の較差・**1 対6.59の数値のみ**をもって、「当該選挙は、違憲状態」と判断し、当該選挙までに是正がなかったことは国会の裁量権を超えていないとして違憲状態判決を言渡した。平成 8 年大法廷判決（参）は、平成29年大法廷判決（参）が採用したような、「**更なる投票価値の較差の是正のための国会の努力**」（いわゆる、**主観的要素**）を併せ考慮して、「当該選挙は、違憲状態ではない」というような判断基準を採用していない。

と判示する（民集68巻9号1376頁）。

【平成26年大法廷判決（参）の「二段階の判断枠組み」の判例としての拘束力】

　(ウ)　平成26年大法廷判決（参）の上記の「二段階の判断枠組み」は、拘束力を有する判例の定義たる、「憲法判決中の法律などの合憲・違憲の結論」「に至るうえで直接必要とされる憲法規範的理由づけ」（上記1(1)ウ〈本書2～3頁〉参照）の要件を充足するので、判例であって、**判例としての拘束力**を有する、と解される。

　平成26年大法廷判決（参）の「二段階の判断枠組み」は、その反復性を要件とすることなく、**1回言渡されることにより、判例となるので**（上記**1**(1)**イ**〈本書2頁〉参照）、平成26年大法廷判決（参）の「二段階の判断枠組み」は、この点でも判例としての要件を満たしており、判例としての拘束力を有する、と解される（ただし、平成24年大法廷判決（参）も、平成26年大法廷判決（参）の「二段階の判断枠組み」と同じ、「二段階の判断枠組み」を採用している）。

【後法は前法を破る】

　(エ)　平成26年大法廷判決（参）の「二段階の判断枠組み」は、昭和58年大法廷判決（参）の参院議員選挙（選挙区）に関する「基本的な判断枠組み」を承継する上記(ア)（本書12～14頁）の7個の大法廷判決（参）のうちの、最後の⑦平成21年大法廷判決（参）の投票価値の較差に関する「基本的な判断枠組み」（判例）を**さらに発展させて、より詳細に定義した**「二段階の判断枠組み」（判例）である。

　すなわち、平成26年大法廷判決（参）の「二段階の判断枠組み」（ただし、①段階の審査で、**客観的指標たる**投票価値の最大較差（1対4.77）の値のみに基づき「違憲状態か否か」を判断し、答えが「是」の場合、②段階の審査で、①段階で「違憲状態」と判断された当該選挙が、当該選挙までの期間内にその**是正**がなされなかったことが、国会の裁量権の限界を超えるか否かを判断し、国会の裁量権の限界を超えるとされる場合は、「違憲」とするという判断基準か

ら成る「二段階の判断枠組み」）は、平成21年大法廷判決（参）の「基本的な判断枠組み」（すなわち、最大較差の値に加えて、**国会の努力**も併せて考慮のうえ、国会の「裁量権の限界」を超えていないので、「違憲」でない、と判断する判断基準から成る「二段階の判断枠組み」。）から更に発展したものであって、平成21年大法廷判決（参）の「基本的な判断枠組み」（判例）とは異なる、**別の判例**である。

　したがって、平成29年大法廷判決（参）は、選挙が違憲状態か否かの論点については、平成26年大法廷判決（参）**より前の時点**で言渡された平成21年大法廷判決（参）の「基本的な判断枠組み」の判例の拘束力に服するのではなく、平成29年大法廷判決（参）の**直前**に言渡された平成26年大法廷判決（参）の「二段階の判断枠組み」（判例）の拘束力に服することになる。

　当該論点については、**【後法は前法を破る】**の法原則が、支配する。

【判例変更を必要とする理由の記述の必要性】
　(オ)　平成26年大法廷判決（参）の「二段階の判断枠組み」の判例の拘束力から免れるためには、平成29年大法廷判決（参）は、『平成26年大法廷判決（参）の「二段階の判断枠組み」のうちの①段階の審査での「違憲状態か否か」の判断基準（判例）がどの点で**誤っており**、それを正す必要がある』旨の国民と他の国家機関（立法府および行政府）を説得するに足る判例変更の理由を、判決理由中に記述したうえで、判例変更することが求められる（上記(2)**イ(ウ)A～C**〈本書7～8頁〉参照）。

【平成29年大法廷判決（参）の「新しい判断基準」は、判例変更を必要とする理由の記述を欠く不当な判例変更である】
　(カ)　平成29年大法廷判決（参）の採用する「新しい判断基準」（すなわち、客観的指標たる投票価値の最大較差の値〈平成29年大法廷判決（参）においては、1対3.08〉および当該選挙日以降の次回以降の選挙の較差是正のための**「国会の努力」**という2つの事情を総合考慮して「違憲状態か否か」を判断するという「二段階の判断枠組

み」のうちの①段階の審査における「新しい判断基準」）は、上記(2)イ(ア)（本書5～6頁）記載の平成26年大法廷判決（参）の「二段階の判断枠組み」のうちの①段階の審査での判断基準（判例）（すなわち、①段階の審査においては、客観的指標たる投票価値の最大較差の値（1対4.77）のみから「違憲状態」と判断する判断基準（判例））と**矛盾**し、かつその判決理由中には、**判例変更を必要とする理由の記述がない。**

　よって、平成29年大法廷判決（参）の「新しい判断基準」（すなわち、客観的指標たる投票価値の最大較差の値〈ただし、平成29年大法廷判決（参）においては、1対3.08〉および当該選挙日以降の選挙の較差是正のための「**国会の努力**」という事情の2つを**総合考慮**して違憲状態か否かを判断するという「新しい判断基準」）は、平成26年大法廷判決（参）の「二段階の判断枠組み」のうちの①段階の審査での判断基準（判例）（すなわち、①段階の審査においては、客観的指標たる投票価値の最大較差の値（1対4.77）のみから「違憲状態か否か」を判断する判断基準（判例））の変更を必要とする理由の記述を欠く、**不当な判例変更に該当する**、と解される。

　したがって、【当該平成29年大法廷判決（参）の「違憲状態か否か」に関する「新しい判断基準」は、平成26年大法廷判決（参）の投票価値の較差に関する「二段階の判断枠組み」のうちの①段階の審査における、「違憲状態か否か」の判断基準（判例）の判例変更には該当しないとする、上記(4)ア（本書10～12頁）の**仮想の議論**】は、誤りである。

【千葉勝美元最高裁判事　法律時報89巻13号6頁に対する反論】

(キ)（本書17～18頁）

　A　千葉勝美元最高裁判事『判例時評　司法部の投げた球の重み－最大判平成29年9月27日のメッセージは？』法律時報89巻13号6頁は、

　　「　本判決は、3.08倍まで較差が縮小され、それだけでは十分とはいえないとしても（十分であれば、即合憲判断がされたはずである。）、それに加え、更なる較差是正が確実に行われようとしていることを併せて評価して、今回は違憲状態とはいえないという判断をしたことにな

る。なお、これは、立法裁量の逸脱濫用の有無についての判断であり、その際に**考慮すべき事情（要素）が従前とは異なる点はあるが、判断の枠組み自体を変えたものではなく、判例変更ではない。**」（強調　引用者）

と記述される。

同判例時評は、「二段階の判断枠組み」の①段階で「**考慮すべき事情（要素）が従前とは異なる点**（が）ある」（強調　引用者）こと（すなわち、平成26年大法廷判決（参）の「二段階の判断枠組み」の②段階の審査で考慮する、当該選挙以降の選挙の較差是正に関する要素（又は、「**国会の努力**」）を、平成29年大法廷判決（参）では、①段階の審査で、**併せ考慮**するという「**異なる点**」があること）を認めている。

B　しかしながら、この「違憲状態か否か」の判断に当って考慮すべき要素が、「**異なる**」ことこそが、『選挙が違憲状態か否か』の判断基準の変更に該当し、平成29年大法廷判決（参）の①段階の審査の「新しい判断基準」が、平成26年大法廷判決（参）の①段階の審査での「違憲状態か否か」の判断基準（判例）と**矛盾する点**である。

ここで、平成26年大法廷判決（参）の「二段階の判断枠組み」の【①段階の審査における、「違憲状態か否か」の判断基準（すなわち、客観的指標たる最大較差の値のみに基づき「違憲状態か否か」を判断する判断基準）は、上記(1)ウ（本書2〜3頁）の「拘束力を有する判例」の定義（すなわち、「憲法判決中の法律などの合憲・違憲の結論」「に至る上で直接必要とされる憲法規範的理由づけ」）の要件を満たすので、判例としての拘束力を有する判断である。

C　よって、平成29年大法廷判決（参）の「違憲状態か否か」を判断するための「新しい判断基準」は、平成26年大法廷判決（参）の「二段階の判断枠組み」の①段階の審査での「違憲状態か否か」を判断する判断基準（判例）を**変更**するものであり、**判例変更**に該当する、と解される。

【人権擁護のための司法救済のハードルを上げる方向での判例変更は、人権擁護を目的とする憲法（憲法11条を含む）の趣旨に反する】

(ク) （本書19〜20頁）

A　憲法は、国民に対して、基本的人権を保障している（憲法11条）。

裁判官は、憲法を尊重し、擁護する義務を負う（憲法99条）。

最高裁大法廷が一旦下した判例について言えば、「**国民の基本的人権を縮減する方向での判例変更は、裁判所かぎりで人権を奪うに等しいものであるから、原則として許されないとすべきであろう。**」（強調　引用者）（浦部法穂『憲法学6 《統治機構の基本問題Ⅲ》』56〜57頁（有斐閣、1977）.〈本書34頁参照〉参照）。

B　一方で、平成26年大法廷判決（参）の「二段階の判断枠組み」は、①段階の審査で、<u>客観的指標たる</u>投票価値の最大較差の値（1対4.77）のみに基づいて、「違憲状態」と判断する判断基準を採用する。

他方で、平成29年大法廷判決（参）は、客観的指標たる投票価値の最大較差の値（1対3.08）および当該選挙以降の選挙の較差是正のための「**国会の努力**」という2つの事情を総合考慮して、「違憲状態ではない」と判断するという「新しい判断基準」を採用した。

C　この平成29年大法廷判決（参）の「新しい判断基準」は、平成26年大法廷判決（参）の「二段階の判断枠組み」の①段階の審査で、<u>客観的指標たる最大較差の値のみ</u>で「違憲状態」と判断する判断基準（判例）を変更し、**司法救済のために要求されるハードルを上げる**ものである。

これは、「およそ国民の**基本的権利を侵害する国権行為**に対しては、できるだけその是正、救済の途が開かれるべきであるという**憲法上の要請**」（強調　引用者）（**昭和51年大法廷判決（衆）**民集30巻3号251頁）に矛盾する。

D　この平成29年大法廷判決（参）の「新しい判断基準」は、**国民の基本的人権の保護を縮小する方向**での判例変更に該当し、**不当な判例変更と**

解される。

　2　不当な判例変更（その2／平成26年大法廷判決（参）の『都道府県を各選挙区の単位とする従来の参院選挙制度の見直しが必要である』旨の判示の平成29年大法廷判決（参）による不当な判例変更）：(本書20〜21頁)

　(1)　平成26年大法廷判決（参）は、

　　「**都道府県を各選挙区の単位とする**選挙制度が、長年にわたる制度および社会状況の変化により、もはやそのような較差の継続を正当化する十分な根拠を維持し得なくなっているものであり、同判決（平成24年大法廷判決　引用者注）において指摘されているとおり、上記の**状態**を解消するためには、一部の選挙区の定数の増減のとどまらず、上記制度の**仕組み自体の見直し**が必要であると言わなければならない。」

　　（強調　引用者）

　と判示する（民集68巻9号1375〜1376頁）。

　(2)　上記1(1)**ウ**（本書2〜3頁）に示すとり、「憲法判例の判例として拘束力を有する部分」の意義は、「憲法判決中の法律などの合憲・違憲の結論」「に至るうえで直接必要とされる憲法規範的理由づけ」である（佐藤幸治京都大学名誉教授『憲法〔第三版〕』27頁〈青林書院、2003年〉前掲注5（本書3頁）参照）。

　平成26年大法廷判決（参）（民集68巻9号1375〜1376頁）の

　「都道府県を各選挙区の単位とする制度」の下では、選挙区間における投票価値の不均衡が違憲の問題が生ずる程度の著しい不平等状態にあると評価される旨の判示は、都道府県を各選挙区の単位とする選挙制度であることが、選挙区間における投票価値の不均衡が違憲の問題が生じる程度の著しい不平等状態か否かに直接関わるので、上記「憲法判例の判例として拘束力を有する部分」の定義に照らして、判例としての拘束力を有すると解される。

(3) 他方で、平成29年大法廷判決（参）は、

「しかし、この判断は、都道府県を各選挙区の単位として固定することが投票価値の大きな不平等を長期にわたって継続させてきた要因であるとみたことによるものにほかならず、**各選挙区の区域**を定めるに当たり、**都道府県という単位を用いること自体を不合理なものとして許されないものとしたものではない。**」

と判示した（民集71巻7号1150頁）。

この判示は、平成26年大法廷判決（参）の上記(1)の判示に矛盾し、これを変更するものである。

平成29年大法廷判決（参）の当該判示は、平成26年大法廷判決（参）の上記(1)の判示（判例）が誤っており、これを変更する必要がある理由を記述していない。

よって、平成29年大法廷判決（参）の当該判示は、**不当な判例変更**と解される（上記1(2)ア〈本書4頁〉参照）。

従って、平成26年大法廷判決（参）の当該判示（判例）は、平成29年大法廷判決（参）の当該判示に拘わらず、現在なお、最高裁判所（ただし、大法廷を含む）及び下級審裁判所に対し、判例として拘束力を有すると解される。

3　不当な判例変更についての11人の憲法学者の意見：（本書21〜39頁）

下記(1)〜(11)（本書22〜39頁）の各論文等は、夫々、『判例変更を必要とする十分な説得力を有する理由を欠く**判例変更**は、**不当である**』旨等記述する。

上記1(2)ア(イ)（本書4頁）の「平成29年大法廷判決（参）の「新しい判断基準」は、その判決理由中に、平成26年大法廷判決（参）の「二段階の判断枠組み」のうちの①段階の審査での「違憲状態か否か」の判断基準（判例）がどの点で誤りであり、そのため判例変更が必要であった、という判例変更の理由を示していないので、**不当な判例変更である**と解される。」の記述は、下記(1)〜(11)（本書22〜39頁）の各論文によって裏付けられる。

(1)　**佐藤幸治**京都大学名誉教授は、佐藤幸治『憲法訴訟と司法権』286頁（日本評論社、1986年）で、

> 「その変更（すなわち、判例変更　引用者注）に際しては、先例に適切な配慮を払いつつもなお**その変更を必要とする理由が示されなければならない**」（強調　引用者）

と記述される。

さらに、**佐藤幸治**京都大学名誉教授は、佐藤幸治『現代国家と司法権』353〜354頁（有斐閣、1988年）で、

> 「　判例は制定法そのものではないから立法者でなければ変更できないというものではなく、裁判所は**十分の理由**のある場合には判例を変更できると解すべきである。
>
> 　（略）
>
> 　実際的経験と正義（空間的平等）の観念に照らし先例に従うか否かは裁判所の**裁量**に属するとはいえても**法的安定性の犠牲の上に成り立つ**以上、基本的には、裁判所として、「**前の判決が間違ってなされかつ正義の諸目的からその変更が要求されることをほぼ合理的疑いを超えて**」（傍点筆者）納得できる**場合に限る**[18]と解すべきであろう」（強調　引用者）

> [18]　Robert von Moschzisker, *Stare Decisis*（1929）（Catlett, *supra* note 4, at 164による。同論文も同様の見解をとる）。

と記述される。

平成29年大法廷判決（参）は、その判決理由中に、判例変更が必要となった理由を一切記述していない。

よって、平成29年大法廷判決（参）の「新しい判断基準」（上記1⑷イ㋕〈本書16頁〉参照）は、当該記述に照らし、平成26年大法廷判決（参）の投票価値の較差に関する「二段階の判断枠組み」のうちの①段階の審査での「違憲状態か否か」の判断基準（判例）の**不当な**判例変更である、と解される。したがって、平成26年大法廷判決（参）の「二段階の判断枠組み」

のうちの①段階の審査での「違憲状態か否か」の判断基準（判例）は、現在もなお、判例として、拘束力を有する。

　したがって、本件選挙の事実関係の下で、本件選挙は、「違憲状態」と解される。

　⑵　芦部信喜東京大学名誉教授は、「合憲限定解釈と判例変更の限界」ジュリスト No.536　1973.6　53〜54頁で、

　　「二　憲法判例変更の条件

　　　かつて私は、「憲法判例の拘束力は一般の判例のそれよりも弱く、裁判所の慣行として、判例変更が容易であると考えてもよい」という伊藤正己教授の『憲法判例の変更』と題する研究⑴に展開された論旨に賛意を表しつつ、つぎのように述べたことがある⑵。

　　　「ただ、その根拠は——憲法を『生きた憲法』としてとらえる立場から憲法典に現代的・具体的な意味を附与してゆかねばならぬ、ということのほかに——右にふれたとおり、議会によって最高裁の憲法判決を訂正することが実際には不可能だということに存するのだから、**この論拠が民主憲法の下で正当性をもちうるためには、最高裁が憲法に内在する基本的な諸価値を適用する公平な決定機関であるというイメージを維持する枠組みの中で活動することが要請される。ところが、憲法判例の変更**には、アメリカでしばしば指摘され実際にも問題になったとおり、**最高裁の『権威の究極的根拠であるところの客観性と公平性への一般の信頼』を失わせる危険性が、多かれ少なかれ、つねに存在する。そこで、先例を変更する判決は、それを真に必要とする理由を十分に明らかにしなければならない」**と。

　　　右の引用にいう先例変更を**「真に必要とする理由」**に関連して、私は、アメリカのイスラエル教授が、⑴**時の経過により事情が変更した**という理由、⑵**「経験の教え」**に照らして**調節が必要だ**という理由、⑶**先例は誤りだという理由**（先例を変更する新しい判決の論理の方が先例のそれよりもすぐれているという理由のほか、一般には、変更さるべき判例がそれ以後の同じ問題または関連する事項についての判決と矛盾するという理由）等を

あげ、**裁判官の交替による判例変更が、いかに「最高裁に対する国民の尊敬を動揺させる」**かを説いている点[3]が注目される旨付記したが、今回の全農林判決による判例変更には、それを正当化するに足る右のような条件を見出すことはむずかしい。事情変更の条件は存在しないし、「経験の教訓」の条件はさきに触れたとおり不明確であり、さらに**先例の誤りがきわめて明確で判例変更を必要とし正当化する状況にあったとは考えられない**からである。

　もちろん、最高裁は判例を変更する権利を有し、その権利を行使するか否かは裁量に属するので、厳密に法的な意味においては、多数決によっていかなる判例変更でも行なうことは可能である。「われわれ自身の権限行使に対する唯一の抑制は、われわれ自身の自制の分別である」[4]という有名な提言は、ここにも妥当する。しかし、そのことは、「不当な」判例変更とは何か、という問題の探求を不必要ならしめることを意味しないことは、いうまでもない。ブラウスタイン＝フィールドの共同執筆になる論稿『最高裁における破棄判決』は、**「不当な」判例変更**として、(1)最高裁が変更される判例を産んだ推論と分析に対して適正な考慮を払うことを怠った場合、(2)最高裁が信頼をうることのできる基礎である法の統一性、安定性および安全性を特に意味するところの、「判例の一貫性に内在する価値」に対して適正な重要性を認めることを怠った場合、(3)判例の変更がもっぱら最高裁裁判官の交替に由来する、すなわち新メンバーが先例に反対であることが周知であったり、またはその見込みがあることを理由に任命されたような場合、の**三つ**をあげている[5]。今回の全農林判決が、判例変更を正当化するに足る条件を充たしていないだけでなく、右に指摘したような**不当な判例変更**にすら当たるとみるべきか否かは議論の余地もあるが、従来の判例変更と対比してみると、その性格がかなり強いように私には思える。」（強調　引用者）

(1)　伊藤正己・憲法の研究179頁以下（1965）。
(2)　芦部「司法審査制の理念と機能」岩波講座・現代法3「現代の立法」313-14頁（1965）。
(3)　J. Israel, Gideon v. Wainwright：　The "Art" of Overruling, 1963 Sup. Ct. Rev.

211, 215-29.

(4) United States v. Butler, 297 U. S. 1 (1963) におけるストーン判事反対意見。

(5) Blaustein-Field, "Overruling" Opinions in the Supreme Court, 57 Mich. L. Rev. 151, 177 (1958).

と記述される。

平成29年大法廷判決（参）の投票価値の較差に関する「新しい判断基準」は、平成26年大法廷判決（参）の投票価値の較差に関する「二段階の判断枠組み」のうちの①段階の審査での「違憲状態か否か」の判断基準（判例）を変更するものであるが、その変更を必要とする理由を当該判決理由中に示していない。

芦部信喜教授の同記述に照らせば、平成29年大法廷判決（参）の投票価値の較差に関する判断基準は、先例（平成26年大法廷判決（参）の投票価値の「二段階の判断枠組み」のうちの①段階の審査での「違憲状態か否か」の判断基準（判例））の**不当な判例変更**に該当する。

よって、平成29年大法廷判決（参）の投票価値の較差の合憲性に関する「新しい判断基準」は、**不当に**先例（平成26年大法廷判決（参）の投票価値の較差に関する「二段階の判断枠組み」のうちの①段階の審査での「違憲状態か否か」の判断基準（判例））を変更するものであって、判例変更としての拘束力を有さず、平成26年大法廷判決（参）の投票価値の較差の合憲性に係る「二段階の判断枠組み」のうちの①段階の審査での「違憲状態か否か」の判断基準（判例）が、現在もなお、判例として、拘束力を有すると解される。

したがって、本件選挙の事実関係の下で、本件選挙は、「違憲状態」と解される。

(3) **伊藤正己**東京大学名誉教授・元最高裁判事は、「判例の変更」公法研究第22号20〜21頁（有斐閣、1960年）で、

「 もとよりこのことは、憲法判例の判例たる価値を無意味にするものではない。判例が先例として事実上の拘束力をもち、のちにも従われるのは原則であって、それを**変更することは例外**である。かつてアメリカの裁判官があいついで判例が変更されるのを直視して、もはや

判例が、単なる当日、当列車限り通用の汽車切符のごときものに堕したと皮肉ったが、もしそうなるときには、判例、ひいては違憲審査制への信頼が失なわれ、さらに憲法そのものへの尊敬が減退することになろう。その意味では、かつてアメリカでみられたように、最高裁判所の人的構成が変化することによって、時代の環境にさしたる差異がないにもかかわらず判例が変更されることは、さきの判決が明らかに不合理であるときを除いて、好ましいものとはいえないであろう。たとえば有名な法定通貨事件（Legal Tender Cases）にみるように、違憲判決が、その判決の当日に指名された二人の裁判官の新任によって間もなく 5 対 4 でくつがえされたごときは、その結果の是非はしばらくおいて、法的安定をいちじるしく害するものといえるであろう。

　かくして、わたくしは、**憲法判例の変更が他の場合より容易である**としても、**そのためには変更を理由づけるだけの根拠──それは主として社会的背景の変化を論証するするものであろう──が明らかに示されねばならない**と考える。その意味で、有名な黒人の分離教育の違憲判決において、ウォーレンが、平等規定の解釈を示した判旨のうちに、**かつての先例の当時の公立学校教育の実情、黒人教育の実態をふりかえりつつ、それを現状と比較したうえで、判例を変更した態度が**注目されてよいであろう。」（強調　引用者）

と記述される。

　平成29年大法廷判決（参）は、その判決理由中に、判例変更が必要となった理由を一切記述していない。

　よって、平成29年大法廷判決（参）の当該「新しい判断基準」は、当該記述に照らし、平成26年大法廷判決（参）の投票価値の較差に関する「二段階の判断枠組み」のうちの①段階の審査での「違憲状態か否か」の判断基準（判例）の**不当な**判例変更である、と解される。したがって、平成26年大法廷判決（参）の「二段階の判断枠組み」のうちの①段階の審査での「違憲状態か否か」の判断基準（判例）は、現在もなお、判例として、拘束力を有する。

したがって、上記記述に照らし、本件選挙の事実関係の下で、本件選挙は、「違憲状態」と解される。

(4)　**長谷部恭男**東京大学教授（当時）は、長谷部恭男『憲法　第7版』449～450頁（新世社、2018年）で、

　「　**判例変更の条件**　憲法問題に関する最高裁判所の判例が，最高裁判所自身をどこまで拘束しうるかという問題がある。これが判例変更の条件に関する問題である。憲法問題に関する判例を他の国家機関が変更しようとすれば，憲法改正の手続をとることが必要となるため，憲法判例の変更は柔軟に行われるべきだとの考え方もあるが，基本的な方向としては，それぞれの判例の機能に即して以下のように考えるべきであろう。

　調整問題の解決　先例拘束性原理を支える論理として，アメリカ合衆国でしばしば言及されるのは，「多くの事柄では，適用される法的ルールが定まっていることは，それが正しく定まることより重要である」とのブランダイス裁判官の見解である（Burnet v. Coronado Oil & Gas Co., 285 U.S. 393（1932））。判例の役割が，大多数の当事者が従うべきルールを示し，調整問題を解決することに求められる場合，判例は私人に行動の基準を提供し，その予測可能性を保障すべきであるから，判例を形成した裁判所自身について禁反言のルールがあてはまる。<u>判例の変更によって社会全体により多くの利益が生み出されるという確実な保障がない限り判例は変更されるべきではなく，とくに判例に従ったことによる不利益を当事者である私人に課すべきではない。</u>

　憲法判例の特殊性　憲法判例の場合，通常の判例とは異なる考慮が妥当する。前述のブランダイス裁判官の意見は，通常の判例であれば，それが誤っていると考える立法府によって変更が可能であるが，憲法判例であれば憲法の改正が必要となるため，より柔軟な判例変更が求められるとする。判例による解決が要求されているのが調整問題の関

係であれば，それが「誤っている」こと自体が考えにくい。むしろ，憲法判例には，通常の立法によっては変更されるべきでない社会の基本的価値の維持が期待されており，そのため，その実質的内容の持つ説得力を通じて他の国家機関や国民一般の支持を得ることで，はじめて拘束力と実効性を備えることができるものと考えることができる（全農林警職法事件判決（最大判昭和48・4・25刑集27巻4号547頁）に付された田中二郎等5裁判官の意見参照）。

　　したがって，その内容の説得力を通じて現に広く社会の支持を得ている憲法判例を変更するにはきわめて慎重であるべきであろうが，社会の良識に照らして誤っていると見られる憲法判例については，通常の判例に比べて，その変更はより柔軟に考慮されるべきであろう。」
と記述される。

　平成29年大法廷判決（参）の「違憲状態か否か」の判断基準の変更（判例変更）について言えば，平成26年大法廷判決（参）の投票価値の較差に関する「二段階の判断枠組み」のうちの①段階の審査における客観的指標のみによって「違憲状態か否か」を判断する判断基準が，上記長谷部論文450頁記載の「社会の良識に照らして誤っていると見られる憲法判例」に該当する，とは解し難い。

　　よって，平成29年大法廷判決（参）の当該判断基準は，当該記述に照らし，平成26年大法廷判決（参）の投票価値の較差に関する「二段階の判断枠組み」のうちの①段階の審査における客観的指標のみによって「違憲状態か否か」を判断する判断基準の**不当な**判例変更である，と解される。したがって，平成26年大法廷判決（参）の「二段階の判断枠組み」のうちの①段階の審査での「違憲状態か否か」の判断基準（判例）は，現在もなお，判例として，拘束力を有する。

　　したがって，本件選挙の事実関係の下で，本件選挙は，「違憲状態」と解される。

　(5)　**高橋一修法政大学教授**は，「先例拘束性と憲法判例の変更」芦部信

喜編『講座 憲法訴訟（第3巻）』173～176頁（有斐閣、1987年）で、

「二　憲法判例変更の条件

　(1)　（略）

　(2)　**判例変更には説得力ある理由が示されなければならないことは、ほとんど異論はないであろう**。芦部信喜教授は、先の伊藤教授の所説に賛成しつつも、「ただ、その根拠は、……議会によって最高裁の憲法判決を訂正することが実際には不可能だということに存するのだから、この論拠が民主憲法の下で正当性をもちうるためには、最高裁が憲法に内在する基本的な諸価値を適用する公平な決定機関であるというイメージを維持するわく組みの中で活動することが要請される。ところが、**憲法判例の変更**には、……最高裁の『**権威の究極的根拠であるところの客観性と公平性への一般の信頼**』を失わせる危険性が……**つねに存在する。そこで、先例を変更する判決は、それを真に必要とする理由を十分に明らかにしなければならい**[11]。」と述べている。そこで、その「理由」とは何か。芦部教授によれば、「**①時の経過により事情が変更したという理由、②経験の教えに照らして調節が必要だという理由、③先例の誤りがきわめて明確であるという理由**」などが考えられる。最高裁が判例変更をするのは自由であるが、しかし「右のような判例変更の条件に適切な配慮を怠ったり、また、もっぱら**裁判官の交替が原因で判例が変更された**と考えられるような場合には、その判例変更は『**不当**』といわなければならない。判例変更にも、少なくともかような**限界がある**[12]。」と芦部教授は指摘する。

　(3)　右の「**不当な判例変更**」としては、先に触れた**昭和44年の全司法仙台事件大法廷判決をわずか4年後に覆した48年の全農林警職法事件大法廷判決**[13]があげられる。この時最高裁は、公務員の争議行為とそのあおり行為を禁ずる国公法の規定に「合憲限定解釈」を加えた44年判決を「全面合憲」に立場を変えたのであるが、事件の被告人らの行為は、旧判例の法準則によっても有罪とされうるものであったから、**とくに判例変更をする必要性もなかったのである。また、裁判官の交替による多数派のシフトによって、もたらされた判例変更であった**。

この判決の中で、田中二郎裁判官ら5裁判官の「意見」（ただし、色川幸太郎判事も、5裁判官（裁判官田中二郎、同大隅健一郎、同関根小郷、同小川信雄、同坂本吉勝）の「所説にことごとく賛成である」と、その反対意見の中に記述する。引用者注）は、憲法判例の変更には、その必要性、相当性について、特段の吟味、検討、配慮が必要であるとして、その理由を次のように述べている。「けだし、憲法解釈の変更は、実質的には憲法自体の改正にも匹敵するものであるばかりでなく、最高裁判所の示す憲法解釈は、その性質上、その理由づけ自体がもつ説得力を通じて他の国家機関や国民一般の支持と承認を獲得することにより、はじめて権威ある判断としての拘束力と実効性をもちうるものであり、このような権威を保持し、憲法秩序の安定をはかるためには、憲法判例の変更は軽々にこれを行なうべきものではなく、……その内容において真に説得力ある理由と根拠とを示す用意を必要とするからである[14]。」

このような考え方について、小嶋和司教授は、「最高裁の判示が『権威ある判断としての拘束力と実効性』をもつのは『理由づけ自体がもつ説得力』といった内容的根拠にもとづくのではないし、いわんや、それを『通じて他の国家機関や国民一般の支持と承認を獲得すること』を条件とするものではない。それは、最高裁が憲法上もつ地位・機能にもとづくもので、右の説示は、最高裁判例の法源性の否認とすらなっている[15]。」と、激しく批判する。**しかし、**この見解は、「拘束力と実効性」なる言葉をきわめて厳格に法的な意味に理解しているようであって、**一般には、サイフも剣ももたない司法部の決定に**人々が従う**窮極的な根拠**は、その**説得力**によって人々の支持と承認をかちえる力であると理解されているのではないだろうか。アメリカの**コックス（Cox）教授**（ハーバード大学法学部教授、ジョン・エフ・ケネディ政権下の訟務長官〈United States Solicitor General〉、ウォーターゲート事件の特別検察官。引用者注）も、その著書『最高裁判所の役割[16]』の中で次のように言う。

「自由な社会において**法の最も重要な特質は、社会からの承認と支持を獲得する力**であり……私はこの特質を『正当性の力（power of legitimacy）』と呼ぶ。……」「司法府は、憲法裁判に従事するとき、他に類がないほどこの正当性の力に依拠する。……判決は強力な利益をくじき、争点は最も深い政治的感情をゆりおこす。……そのような場合、判決に従うことは、裁判所が自らに課された役割を正当に遂行しており、その役割が維持されることは重要なのだという信念からもたらされるのである[17]。」「憲法判断を、先例その他の一般に承認された法源に関係づけることのできる原則によって真摯に、理論的に説明できることは、法律家の伝統によれば、**最高裁が承認と支持を集める力の本質的な主要要素である。**司法的決定の場合に、その**正当性の力**は、判断に働いた主要な影響力が個人的命令ではなく、裁判官も訴訟当事者もともに拘束する原則であり、しかも、今日だけでなく昨日・明日の人々すべてにひとしく適用される原則である、という認識によるところが大きいと考えられる[18]。」と。このような考えは、先の5裁判官の意見あるいは芦部教授の考えと、どれほどの隔たりがあるのであろうか。従って、**判例変更のためにも、この「正当性の力」を獲得するに足る説得力ある理由が示されなければならないというべきである。**」（強調　引用者）

⑹　佐藤幸治・憲法265頁（1981）。
⑺　浦部・前出注⑷238頁。
⑻　浦部法穂「合憲限定解釈判例とその変更」野中俊彦＝江橋崇＝浦部法穂＝戸波江二・ゼミナール憲法裁判226頁、230頁では、全農林警職法事件最高裁判決（後出注⒀）のような判例変更を考えている。
⑼　松尾浩也「刑事法における判例とは何か」法セミ279号4頁、18頁。
⑽　畑・前出注⑶57頁。小嶋和司「憲法判例の変更」清宮四郎＝佐藤功＝阿部照哉＝杉原泰雄編・新版憲法演習⑶209頁、225〜26頁。
⑾　芦部信喜・憲法訴訟の理論28〜29頁。
⑿　芦部信喜・憲法訴訟の現代的展開11頁。また、より詳細な「判例変更の条件」の分析として、佐藤幸治「憲法判例の法理」ジュリ638号231頁、239〜41頁。
⒀　最大判昭和48年4月25日刑集27巻4号547頁。芦部信喜「合憲限定解釈と判例変更の限界」ジュリスト536号46頁、52〜53頁（1973）参照。
⒁　刑集27巻4号598頁。
⒂　小嶋・前出注⑽222頁。同旨、佐藤・前出注⑹264頁。このような批判が、判例の法源性を認めつつ最高裁を拘束する法源はないという「逆説的に見える状況」をもたらすことについて、樋口陽一「判例の拘束力・考」佐藤功古稀・『日本国憲法の理論』675頁、694頁。
⒃　A・コックス（芦部信喜監訳）・最高裁判所の役割（1977）。原書は、A. Cox, THE

ROLE OF THE SUPREME COURT IN AMERICAN GOVERNMENT（1976).

⒄　A・コックス（芦部監訳）・前出注⒃162～63頁。訳は一部変えてある。

⒅　A・コックス（芦部監訳）・前出注⒃170頁。

と記述される。

　平成29年大法廷判決（参）は、その判決理由中に、判例変更が必要となった理由を一切記述していない。

　よって、平成29年大法廷判決（参）の当該判断基準は、当該記述に照らし、平成26年大法廷判決（参）の投票価値の較差に関する「二段階の判断枠組み」のうちの①段階の審査での「違憲状態か否か」の判断基準（判例）の不当な判例変更である、と解される。したがって、平成26年大法廷判決（参）の「二段階の判断枠組み」は、現在もなお、判例として、拘束力を有する。

　したがって、本件選挙の事実関係の下で、本件選挙は、「違憲状態」と解される。

⑹　**松井茂記**大阪大学教授は、「憲法判例の法源性・先例拘束性と憲法判例の変更」樋口陽一編『講座・憲法学 第 6 巻 権力の分立⑵』221頁（日本評論社、1995年）で、

　「　しかし、先例拘束性原理が認められる以上、先例の変更はまったくの自由だとは考えがたい。まず第一に、少なくとも先例拘束性原理が認められる以上、「**その変更に際しては、先例に適正な配慮を払いつつもなおその変更を必要とする理由が示されなければならない**」と言うべきであろう[69]。この点、既に判例に事実上の拘束力しか認めない**通説**でも、**憲法判例の変更が例外的に、正当な理由がある場合に限り正当化される**とされてきていた。例えば芦部教授は、①「時の経過により事情が変更したという理由」、②「『経験の教え』に照らして調節が必要だという理由」、③「先例は誤りだという理由」を、判例変更を正当化する理由と示唆している[70]。この点、先例拘束性を認める立場でも、**佐藤幸治**教授は、裁判所は「**十分の理由のある場合**」に判

例を変更できるとし、基本的には、「前の判決が間違ってなされかつ正義の諸目的からその変更が要求されることをほぼ合理的疑いを越えて」納得できる場合に限ってのみ判例変更が正当化されるという[71]。」

⑾　芦部信喜『憲法訴訟の理論』（有斐閣、1973年）（以下、芦部『憲法訴訟』と引用）28頁、同『現代人権論』（有斐閣、1974年）（以下、芦部『人権論』と引用）332～338頁、同『憲法訴訟の現代的展開』（有斐閣、1981年）（以下、芦部『現代的展開』と引用）11頁、同『演習憲法新版』（有斐閣、1988年）301頁、同『憲法学Ⅰ』（有斐閣、1992年）（以下、芦部『憲法学』と引用）133～139頁、同『憲法』（岩波書店、1993年）（以下、芦部『憲法』と引用）304頁、伊藤正己『憲法〔新版〕』（弘文堂、1990年）79～80頁、野中俊彦＝中村睦男＝高橋和之＝高見勝利『憲法Ⅱ』（有斐閣、1992年）271～273頁〔野中俊彦執筆〕（以下、野中と引用）。

⑿　佐藤幸治『憲法〔新版〕』（青林書院、1990年）22頁、芦部『憲法学』前掲書注⑾125頁、野中俊彦＝中村睦男＝高橋和之＝高見勝利『憲法Ⅰ』（有斐閣、1992年）8頁〔高橋和之執筆〕（以下、高橋と引用）。

⒇　佐藤幸治『憲法訴訟と司法権』（日本評論社、1984年）272頁。

(21)　佐藤幸治・前掲書277～278頁。また、佐藤幸治『現代国家と司法権』（有斐閣、1988年）350-351頁、同・前掲書注⑿26-27頁参照。

(69)　佐藤幸治・前掲書注⒇286頁。

(70)　芦部『人権論』前掲書注⑾336頁、芦部『現代的展開』前掲書注⑾11頁。

(71)　佐藤幸治・前掲書注(21)353-354頁。

と記述される。

　平成29年大法廷判決（参）は、その判決理由中に、判例変更が必要となった理由を一切記述していない。

　よって、平成29年大法廷判決（参）の当該判断基準は、当該記述に照らし、平成26年大法廷判決（参）の投票価値の較差に関する「二段階の判断枠組み」のうちの①段階の審査での「違憲状態か否か」の判断基準（判例）の不当な判例変更である、と解される。したがって、平成26年大法廷判決（参）の「二段階の判断枠組み」のうちの①段階の審査での「違憲状態か否か」の判断基準（判例）は、現在もなお、判例として、拘束力を有する。

　したがって、本件選挙の事実関係の下で、本件選挙は、「違憲状態」と解される。

⑺　浦部法穂神戸大学名誉教授は、『憲法学 6 《統治機構の基本問題

Ⅲ》』56〜57頁（有斐閣、1977年）で、

「　**憲法判例の変更**　わが国における判例の拘束性は，かつてのイギリスにおけるように絶対変更を許さないというほどに厳格なものではなく，最高裁判所は，大法廷手続によれば，いつでも判例を変更することが可能である。このことは，憲法判例であれ他の判例であれ，異なるところはない。従来，憲法判例については，憲法の改正がその他の法令の改正より困難であるなどの理由から，他の判例よりも変更が容易なものと考えるべきだ，とする見解がしばしばみられた。しかし，判例の拘束性の要請の実質的根拠を，既述のように，人の権利・利益状況についての予見性の保障という点に見出すならば，憲法判例についてだけ，他と区別すべき理由はないであろう。問題は，判例変更のルールである。何らのルールなしに判例変更が可能であるとするならば，予見性の保障も，ほとんどなきに等しいものとならざるをえない。この点は，先に述べたように，**判例を変更する場合には予見性の保障を侵害するに足る十分な理由が必要とされる**，と考えるべきである。**その理由として考えられるものは**，くり返しをいとわずにいえば，①**先の解釈が明らかに誤りであることを納得させうるだけの理論づけ，**②**先の解釈の維持を困難とする社会的・経済的等の諸条件の存在についての論証**，などである。**ただ，憲法判例は，国民の基本的人権にかかわるものであるだけに，人権保障の観点よりする別の制約に服すべき場合がありうるであろう。**たとえば，ある刑罰法規を違憲とする判例を変更する場合（同一の刑罰法規を合憲とする場合だけでなく，それと同じ事情のもとにある他の刑罰法規を合憲とする場合をも含む）には，遡及的処罰禁止の原則による制約をまぬかれず，真に判例変更の必要がある場合にも，判例の不遡及的変更の手法が用いられなければならない。また，**国民の基本的人権を縮減する方向での判例変更は，裁判所かぎりで人権を奪うに等しいものであるから，原則として許されないとすべきであろう。**」（強調　引用者）

と記述される。

平成29年大法廷判決（参）は、その判決理由中に、判例変更が必要となった理由を一切記述していない。

　よって、平成29年大法廷判決（参）の当該「新しい判断基準」は、当該記述に照らし、平成26年大法廷判決（参）の投票価値の較差に関する「二段階の判断枠組み」のうちの①段階の審査での「違憲状態か否か」の判断基準（判例）の**不当な**判例変更である、と解される。したがって、平成26年大法廷判決（参）の「二段階の判断枠組み」のうちの①段階の審査での「違憲状態か否か」の判断基準（判例）は、現在もなお、判例として、拘束力を有する。

　したがって、本件選挙の事実関係の下で、本件選挙は、「違憲状態」と解される。

　(8)　**君塚正臣**横浜国立大学教授は、「判例の拘束力」横浜法学第24巻第1号96頁（横浜法学会、2015年）で、

　　「当然、**判例変更には適切な理由が必要である**[124]。法律の改正に審議と民主的多数決が必要であるように、**司法的判断の変更には、司法に相応しい十分の理由の提示が必要である。芦部信喜**は、時の経過により事情が変更した、経験の教えに照らして調節が必要となった、先例の誤りが極めて明確となったなどの理由を挙げる[125]。**佐藤幸治**は、前の判決が間違っており、判例変更は、正義の諸目的からその変更が要求されることがほぼ合理的な疑いを超えて納得できる場合に限るべきだとする[126]。」

　　　15)　佐藤幸治『現代国家と司法権』352頁（有斐閣、1988）参照。関連して、髙井裕之「論文紹介」アメリカ法［2001-1］150頁も参照。
　　　93)　芦部信喜『憲法訴訟の現代的展開』12頁（有斐閣、1981年）同旨。
　　　124)　芦部前掲註93）書11頁。
　　　125)　同上同頁。
　　　126)　佐藤幸治前掲註15）書354頁。

と記述される。

　平成29年大法廷判決（参）は、その判決理由中に、判例変更が必要とな

った理由を一切記述していない。

　よって、平成29年大法廷判決（参）の当該判断基準は、当該記述に照らし、平成26年大法廷判決（参）の投票価値の較差に関する「二段階の判断枠組み」のうちの①段階の審査での「違憲状態か否か」の判断基準（判例）の**不当な**判例変更である、と解される。したがって、平成26年大法廷判決（参）の「二段階の判断枠組み」のうちの①段階の審査での「違憲状態か否か」の判断基準（判例）は、現在もなお、判例として、拘束力を有する。

　したがって、本件選挙の事実関係の下で、本件選挙は、「違憲状態」と解される。

(9)　向井久了帝京大学教授は、「155　判例の法源性」339頁（ジュリスト増刊　有斐閣、2008年）で、

　「　先例法理をとるアメリカにあっても最高裁判所の判例変更は当然視されている。

　　わが国で，最高裁判所の判例変更は，大法廷を開かなければならないことのほかは内容上は自由である。しかし，判例の拘束力の実質的根拠が，**人々の権利・利益についての予見可能性，つまりひとたび判例が確立すると，将来もそれが維持されるとの予測の保障**という点にある以上，判例の変更は，最高裁判所の全くの自由ではなく，その変更は，適正な配慮の下に行われるべきことは当然であろう。**具体的には，①先例における法令の解釈が明らかに誤りである場合，②先例における解釈の維持を困難とする社会的・経済的等の諸条件が存在するにいたったとき，などの場合にはじめて判例を変更することになる。**」

　　（強調　引用者）

と記述される。

　平成29年大法廷判決（参）においては、上記向井論文339頁記載の①〜②の諸条件のいずれも存在しない。

　よって、平成29年大法廷判決（参）の当該判断基準は、当該記述に照ら

し、平成26年大法廷判決（参）の投票価値の較差に関する「二段階の判断枠組み」のうちの①段階の審査での「違憲状態か否か」の判断基準（判例）の**不当な**判例変更である、と解される。したがって、平成26年大法廷判決（参）の「二段階の判断枠組み」のうちの①段階の審査での「違憲状態か否か」の判断基準（判例）は、現在もなお、判例として、拘束力を有する。

　したがって、本件選挙の事実関係の下で、本件選挙は、「違憲状態」と解される。

　⑽　**青井未帆**学習院大学教授は、「130　憲法判例の変更」288〜289頁（ジュリスト増刊　有斐閣、2008年）で、

　　「この場合，判例変更とは解釈の変更に他ならないため，変更は法的に可能であり挙げて裁判官の裁量となる。この裁量の限界については，⑴拘束力の強さと⑵変更の妥当性という観点から論じられてきた。

　　　⑴具体的には，憲法判例を通常の判例と区別するとして，憲法判例の拘束力の方が，①弱いと解する立場（伊藤・前掲200頁，佐藤・前掲憲法訴訟287頁）と②強いと解する立場（全農林警職法事件田中二郎裁判官らの意見）がある。学説の多数は①説に立つ。その主たる理由は，制定法解釈の変更は法律制定により可能だが，憲法解釈の変更は憲法改正に拠らねばならないという憲法判例の特殊性におかれる。

　　　⑵**先例の解釈に重大な誤りがある場合**や，**時代の変化，慎重な再検討により解釈の変更が確信された場合**などが**判例変更の条件として**挙げられている（佐藤・前掲現代国家370頁，新正幸『憲法訴訟論』［2008］685頁）。」（強調　引用者）

と記述される。

　平成29年大法廷判決（参）においては、上記青井論文の判例変更の条件（すなわち、**先例の解釈に重大な誤りがある場合**や，**時代の変化，慎重な再検討により解釈の変更が確信された場合**など）のいずれも存在しない。

　よって、平成29年大法廷判決（参）の当該判断基準は、当該記述に照ら

し、平成26年大法廷判決（参）の投票価値の較差に関する「二段階の判断枠組み」のうちの①段階の審査での「違憲状態か否か」の判断基準（判例）の**不当**な判例変更である、と解される。したがって、平成26年大法廷判決（参）の「二段階の判断枠組み」のうちの①段階の審査での「違憲状態か否か」の判断基準（判例）は、現在もなお、判例として、拘束力を有する。

　したがって、本件選挙の事実関係の下で、本件選挙は、「違憲状態」と解される。

⑾　**畑博行**広島大学名誉教授は、「憲法判例の変更について」公法研究第37号57〜58頁（有斐閣、1975年）で、

　「　基本的人権を永久不可侵の権利として保障し、統治機構面でも違憲立法審査制を採用しているわが国の憲法の下において、**憲法判例は国民に憲法規範を具体的に示すという重要な機能を果している。国民はそれを拠り所として生活を営んでいるといっても過言ではない。**しかるに、最高裁の打ち立てた判例が、のちの裁判所によって必らず従われるという保障のない単なる参考意見にすぎないとすれば、法的安定性の要請が充されないばかりか、罪刑法定主義が保障の目的の一つとしている予測可能性の保障もきわめて不十分なものにならざるを得ない。しかし、前述したように、罪刑法定主義、法の下の平等、公平な裁判等を保障した憲法規定を実質的に解すれば、**最高裁の判例**は、当然成文法という枠内ではあるが法源性を有し、**のちの裁判所に対して拘束力をもつものでなければならない。**もちろん、最高裁の憲法判例といえども絶対的に完璧というわけではなく、したがって、**明らかに不合理な判例、正義に反する判例は変更されなければならない。**その際、法的安定性、とりわけ、刑法の分野では、遡及処罰を禁じた罪刑法定主義との関わりあいが問題となる。これらの矛盾を解決する一方法として、判例の不遡及的変更のテクニックを用いることも検討に値いすると思う。さらに**判例**が、一歩下って事実上のものにすぎないとした場合であっても、かりにも**拘束力をもつとすれば、その変更は**

慎重でなければならないし、**変更の理由、内容等は明確に示されなけ**
ればならない。」（強調　引用者）

と記述される。

　平成29年大法廷判決（参）は、その判決理由中に、判例変更が必要となった理由を一切記述していない。

　平成29年大法廷判決（参）の当該判断基準は、当該記述に照らし、平成26年大法廷判決（参）の投票価値の較差に関する「二段階の判断枠組み」のうちの①段階の審査での「違憲状態か否か」の判断基準（判例）の**不当**
・
な判例変更である、と解される。

　よって、平成26年大法廷判決（参）の「二段階の判断枠組み」のうちの①段階の審査での「違憲状態か否か」の判断基準（判例）は、現在もなお、判例として、拘束力を有する。

　したがって、本件選挙の事実関係の下で、本件選挙は、「違憲状態」と解される。

　　4　（本書39〜44頁）
　【平成29年大法廷判決（参）の、3年毎の半数改選ルール（憲法46条参
・
照）を敢えて再度持ち出して、それを理由に、「参議院議員の選挙におけ
る投票価値の平等は、」「二院制に係る上記の憲法の趣旨との調和の下に実
現されるべきである」との判示（本書43頁）**】**は、**【平成26年大法廷判決**
（参）の「参議院議員につき任期を6年の長期とし，解散もなく，選挙は
3年ごとにその半数について行うことを定めている（46条等）。」こと（す
なわち、参院選の3年毎の半数改選のルール）を考慮したうえで、「参議院議**
員の選挙であること自体から，直ちに投票価値の平等の要請が後退してよ
いと解すべき理由は見いだし難い。」とする判示（本書39〜41頁）（ただし、
平成24年大法廷判決（参）も同じ）**】**の**不当な判例変更**である：

　⑴**平成26年大法廷判決（参）**は、民集68巻9号1372〜1374頁で、
　　「4

（略）

　(1)ア　憲法は，二院制の下で，一定の事項について衆議院の優越を認める反面，参議院議員につき**任期を6年の長期とし，解散もなく，選挙は3年ごとにその半数**について行うことを定めている（46条等）。その趣旨は，**立法を始めとする多くの事柄について参議院にも衆議院とほぼ等しい権限を与えつつ**，参議院議員の任期をより長期とすること等によって，多角的かつ長期的な視点からの民意を反映させ，衆議院との権限の抑制，均衡を図り，国政の運営の安定性，継続性を確保しようとしたものと解される。

（略）

　前記2の参議院議員の選挙制度の変遷を衆議院議員の選挙制度の変遷と対比してみると，両議院とも，政党に重きを置いた選挙制度を旨とする改正が行われている上，都道府県又はそれを細分化した地域を選挙区とする選挙と，より広範な地域を選挙の単位とする比例代表選挙との組合せという類似した選出方法が採られ，その結果として**同質的な選挙制度**となってきており，急速に変化する社会の情勢の下で，議員の長い任期を背景に国政の運営における**参議院の役割がこれまでにも増して大きくなってきている**といえることに加えて，**衆議院**については，この間の改正を通じて，投票価値の平等の要請に対する制度的な配慮として，選挙区間の人口較差が**2倍未満となることを基本とする旨の区割りの基準が定められている**ことにも照らすと，参議院についても，二院制に係る上記の憲法の趣旨との調和の下に，**更に適切に民意が反映されるよう投票価値の平等の要請について十分に配慮することが求められる**ところである。

（略）

　ウ　さきに述べたような**憲法の趣旨，参議院の役割等に照らすと**，参議院は衆議院とともに国権の最高機関として適切に民意を国政に反映する機関としての責務を負っていることは明らかであり，**参議院議員の選挙であること自体**から，直ちに投票価値の平等の要請が**後退してよいと解すべき理由は見いだし難い**。」（強調　引用者）

と判示する。

すなわち、同判決は、「参議院議員につき**任期を6年**の長期とし，解散もなく，**選挙は3年ごとにその半数**について行うことを定めている（46条等）」こと（すなわち、参院選の3年毎の半数改選のルール）を考慮したうえで、「**参議院議員の選挙であること自体**から，直ちに投票価値の平等の要請が**後退**してよいと解すべき理由は見いだし難い。」と**判示**している。

さらに、**平成24年大法廷判決（参）**も、民集66巻10号3366～3368頁で、
「　(1)　憲法は、二院制の下で、一定の事項について衆議院の優越を認め（59条ないし61条、67条、69条）、その反面、参議院議員の**任期を6年**の長期とし、解散（54条）もなく、**選挙は3年ごとにその半数**について行う（46条）ことを定めている。その趣旨は、議院内閣制の下で、限られた範囲について衆議院の優越を認め、機能的な国政の運営を図る一方、**立法を始めとする多くの事柄について参議院にも衆議院とほぼ等しい権限を与え**、参議院議員の任期をより長期とすることによって、多角的かつ長期的な視点からの民意を反映し、衆議院との権限の抑制、均衡を図り、国政の運営の安定性、継続性を確保しようとしたものと解される。
　　（略）
　　参議院議員の選挙制度の変遷は前記2のとおりであって、これを衆議院議員の選挙制度の変遷と対比してみると、両議院とも、政党に重きを置いた選挙制度を旨とする改正が行われている上、選挙の単位の区域に広狭の差はあるものの、いずれも、都道府県又はそれを細分化した地域を選挙区とする選挙と、より広範な地域を選挙の単位とする比例代表選挙との組合せという類似した選出方法が採られ、その結果として**同質的な選挙制度**となってきているということができる。このような選挙制度の変遷とともに、急速に変化する社会の情勢の下で、議員の長い任期を背景に国政の運営における**参議院の役割はこれまでにも増して大きくなってきている**ということができる。加えて、**衆議院**については、この間の改正を通じて、投票価値の平等の要請に対す

る制度的な配慮として、選挙区間の人口較差が2倍未満となることを基本とする旨の区割りの基準が定められている。これらの事情に照らすと、参議院についても、二院制に係る上記の憲法の趣旨との調和の下に、更に適切に民意が反映されるよう投票価値の平等の要請について十分に配慮することが求められるところである。

（略）

(2) さきに述べたような憲法の趣旨、参議院の役割等に照らすと、参議院は衆議院とともに国権の最高機関として適切に民意を国政に反映する責務を負っていることは明らかであり、参議院議員の選挙であること自体から、直ちに投票価値の平等の要請が後退してよいと解すべき理由は見いだし難い。」（強調　引用者）

と判示する。

同判決も、参院選が3年毎の半数改選のルール（憲法46条参照）を考慮したうえで、「さきに述べたような憲法の趣旨、参議院の役割等に照らすと、参議院は衆議院とともに国権の最高機関として適切に民意を国政に反映する機関としての責務を負っていることは明らかであり、参議院議員の選挙であること自体から、直ちに投票価値の平等の要請が後退してよいと解すべき理由は見いだし難い」と判示している。

(2) 他方で、平成29年大法廷判決（参）は、民集71巻7号1148〜1150頁で、

「　(2) 憲法は，二院制の下で，一定の事項について衆議院の優越を認める反面，参議院議員につき任期を6年の長期とし，解散もなく，選挙は3年ごとにその半数について行うことを定めている（46条等）。その趣旨は，立法を始めとする多くの事柄について参議院にも衆議院とほぼ等しい権限を与えつつ，参議院議員の任期をより長期とすること等によって，多角的かつ長期的な視点からの民意を反映させ，衆議院との権限の抑制，均衡を図り，国政の運営の安定性，継続性を確保しようとしたものと解される。

（略）

もとより，参議院議員の選挙について，直ちに投票価値の平等の要
　　請が後退してよいと解すべき理由は見いだし難く，参議院についても
　　更に適切に民意が反映されるよう投票価値の平等の要請について十分
　　に配慮することが求められるものの，**上記のような憲法の趣旨，参議**
　　院の役割等に照らすと，参議院議員の選挙における投票価値の平等は，
　　憲法上３年ごとに議員の半数を改選することとされていることなど，
　　議員定数の配分に当たり考慮を要する**固有の要素があること**を踏まえ
　　つつ，二院制に係る上記の**憲法の趣旨との調和の下に実現されるべき**
　　であることに変わりはないというべきである。」（強調　引用者）
と判示する。

　(3)　当該判示のとおり、平成29年大法廷判決（参）は、参院選が３年毎
の半数改選のルール（憲法46条参照）を考慮したうえで、「**参議院議員の選**
挙について，直ちに投票価値の平等の要請が後退してよいと解すべき理由
は見いだし難く，」と判示する（前者）。
　しかしながら、同判決は、そう判示しながら、**敢えて、３年毎の半数改**
選ルール（憲法46条参照）を**再度**持ち出して、**それを理由に**、「**参議院議**
員の選挙における投票価値の平等は，」「二院制に係る上記の**憲法の趣旨と**
の調和の下に実現されるべきである」と判示している（後者）。
　上記(3)の平成29年大法廷判決（参）の当該判示（後者）（本書43頁）は、上
記(1)の平成26年大法廷判決（参）の判示（本書39〜41頁）および平成24年大
法廷判決（参）の判示（本書41〜42頁）を**変更したもの**、と解される。けだ
し、本(3)の平成29年大法廷判決（参）の判示（後者）（本書43頁）は、【参院
選の３年毎の半数改選のルール（憲法46条参照）という「議員定数の配分
に当たり考慮を要する**固有の要素があること**」（強調　引用者）を根拠とし
て、参院選において、投票価値の平等の要請の**後退を容認する点**】で、平
成26年大法廷判決（参）の判示（本書39〜41頁）および平成24年大法廷判決
（参）の判示（本書41〜42頁）とそれぞれ**矛盾**するからである。

　(4)　上記１(1)**ウ**（本書２〜３頁）に示したとおり、憲法判例の判例として

拘束力を有する部分は、「憲法判決中の法律などの合憲・違憲の結論」「に至る上で直接必要とされる憲法規範的理由づけ」である。

　平成26年大法廷判決（参）の当該判示（本書39～41頁）および**平成24年大法廷判決（参）**の当該判示（本書41～42頁）は、いずれも、「憲法判例中の法律などの」「結論に至るうえで直接必要とされる憲法規範的理由づけ」に該当するので、憲法判例の**判例として拘束力を有する判断**である。

　(5)　上記(3)の**平成29年大法廷判決（参）**の当該判示（後者）（本書43頁）は、平成26年大法廷判決（参）の当該判示（本書39～41頁）および平成24年大法廷判決（参）の当該判示（本書41～42頁）に矛盾するので、判例変更を必要とする十分説得力の有る理由を判決理由中に記述することが要求される（上記 1 (2)**イ(ウ) A**（本書 7 頁）参照）。

　ところが、上記(3)の平成29年大法廷判決（参）の当該判示（後者）（本書43頁）は、かかる**十分説得力のある判例変更の理由を欠いている**ので、**不当な判例変更**と解される。

　(6)　ここで、本 4 (1)～(5)（本書39～44頁）の議論のために、上記 3 (1)～(11)（本書22～39頁）の記述を援用する。

第2章 「合理的期間論」は、憲法98条1項に反するので、憲法98条1項により、「その効力を有しない」：（本書45〜57頁）

I 「合理的期間論」（参）と憲法98条1項：（本書45〜47頁）

1(1) 平成26年大法廷判決（参）は、民集68巻9号1376頁で、

> 「 参議院議員の選挙における投票価値の較差の問題について、当裁判所大法廷は、**これまで**、①当該定数配分規定の下での選挙区間における投票価値の不均衡が、違憲の問題が生ずる程度の著しい不平等状態に至っているか否か、②**上記の状態に至っている場合に**、当該選挙までの期間内にその是正がされなかったことが国会の裁量権の限界を超えるとして当該定数配分規定が憲法に違反するに至っているか否かといった判断の枠組みを前提として審査を行ってきており、」（強調引用者）

と判示する（第1章1(2)イ(ア)〈本書5〜6頁〉参照）。

ここで、投票価値の較差に関する『二段階の判断枠組み』の中の②段階の審査における判断基準を「合理的期間論」（参）という。

(2) 平成25年大法廷判決（衆）及び平成27年大法廷判決（衆）は、それぞれ、民集67巻8号1522頁および民集69巻7号2059頁で、

> 「衆議院議員の選挙における投票価値の較差の問題について、当裁判所大法廷は、**これまで**、①定数配分又は選挙区割りが、前記のような諸事情を総合的に考慮した上で投票価値の較差において、憲法の投票価値の平等の要求に反する状態に至っているか否か、②**上記の状態に至っている場合に**、憲法上要求される合理的期間内における是正がされなかったとして定数配分規定又は区割規定が憲法の規定に違反するに至っているか否か、③当該規定が憲法の規定に違反するに至っている場合に、選挙を無効とすることなく選挙の違法を宣言するにとどめるか否かといった判断の枠組みに従って審査を行ってきた。」（強調引用者）

と判示している。

ここで、投票価値の較差に関する『三段階の判断枠組み』の中の②段階の審査における判断基準を「合理的期間論」（衆）という。

　ここで、『合理的期間論』（衆）および『合理的期間論』（参）をまとめて『合理的期間論』という。

　2　当該選挙の**憲法判断の基準時**たる選挙の時点での、選挙の区割規定が憲法の平等の要求に反している状態であれば、憲法98条1項の「その（「憲法の」引用者　注）条規に反する法律、命令、詔勅及び国務に関するその他の行為の全部又は一部は、その効力を有しない」の定めにより、選挙は、違憲・無効である、と解される。

　3　平成26年大法廷判決（参）は、「合理的期間論」（参）の「②上記の状態（すなわち、「違憲の問題が生じる程度の著しい不平等状態」　引用者　注）に至っている場合に、当該選挙までの期間内に是正がされなかったことが、国会の裁量権の限界を超えるとして当該定数配分規定が憲法に違反するに至っているか否か」という判断基準（判例）を用い、【当該選挙は、当該選挙までの期間内に是正されなかったことが国会の裁量権の限界を超えたとまでは認められない】として、選挙は違憲とはいえない旨の結論を導いた。

　4　平成26年大法廷判決（参）の採用する合理的期間論（参）は、**判例**である（上記**第1章1⑴ウ**〈本書2〜3頁〉参照）。

　判例は、憲法98条1項の「その（「憲法の」引用者　注）条規に反する法律、命令、詔勅及び**国務に関するその他の行為**の全部又は一部は、その効力を有しない。」（強調　引用者）の中の**「国務に関するその他の行為」**に含まれる。

　上記**3**記載の**判例**たる「合理的期間論」（参）は、憲法の平等の要求に反する状態の選挙又は区割り規定を憲法違反とはいえないとするものであるから、憲法98条1項（ただし、「その（「憲法の」引用者　注）条規に反する法律、命令、詔勅及び国務に関するその他の行為の全部又は一部は、その効力を有しない。」）の明文に抵触する。

よって、**合理的期間論（参）（判例）は、憲法98条１項の適用により、「その効力を有しない」**、すなわち、無効である、と解される。

II　11人の憲法学者の意見：（本書47〜57頁）

　下記１〜11（本書47〜57頁）の11人の憲法学者も、全員、「合理的期間論」に疑問符を付される。

　　1　**淺野博宜**神戸大学教授は、「合理的期間論の可能性」『憲法理論とその展開』169頁（信山社、2017年）で、

　　「たとえば，将来のある時点で憲法の要求に反する程度ではなくなる可能性があるとしても，**選挙時点で反していたのであれば憲法違反な**のではないだろうか。現時点では瑕疵が治癒しているとか，将来その可能性が高いとかいう認定がなされているわけではなく，単なる可能性があるというに過ぎないのに憲法違反という判断を控えるべきなのはなぜであろうか。また，**憲法の要求に反している**のであれば，それを是正することが「実際的」か「相当」かにかかわらず，**憲法違反ではないだろうか。最高裁の説明は，少なくとも不十分であると思われる。**」（強調　引用者）

と記述される。

　上記記述に照らし、淺野教授は、選挙が選挙の時点で憲法の要求に反している場合は、選挙は憲法違反なのではないか、したがって、「合理的期間論」の議論は不要である、と解しておられると推察される。

　　2　**毛利透**京都大学教授は、「憲法訴訟の実践と理解【第９回】－投票価値較差訴訟の現状と課題－」判時2354号140頁で、

　　「**二　合理的期間論の妥当性**

　　最高裁の意図は、今までのところ成功しているといえよう。平成23年判決以来、違憲判決ではなく違憲状態判決を繰り返すことで、国会は較差是正の措置を漸進的にとってきたといえるであろう。2017年総選挙についても、仮に違憲状態との判断がなされるとしても、実際に

選挙区割りを見直して較差を縮小している以上、その立法裁量権の行使が司法の判断の趣旨を踏まえていないとされる可能性はほとんどないと思われる。

　ただ、違憲状態判決が、実質的には国会に法改正の責務を負わせるという違憲判決の効力をもちつつ、形式的には違憲ではないとされるというヌエ的存在であることは否定できない。そして、合理的期間論も、国会の行動の法的評価を内容とすることにより、もはや「期間」という時間的な要素を大幅に失っている。このことを如実に示すのが、平成25年判決や平成27年判決が合理的期間内かどうかの判断において、訴訟の対象となった選挙以後の国会の取組みをも考慮に入れていることである。選挙が一定の「期間」内に行われたかどうかを判断するのに、この**選挙後の事情**も考慮されるのである。この点につき、平成27年判決の千葉補足意見は、選挙後の国会の取組みは「対象となる選挙時点での立法府の較差是正に対する**真摯な姿勢**を推測させるいわば事後的・不可（ママ）的事情」として言及されていると説明している[25]。おそらく適切な説明であろう。<u>しかし、**「姿勢」**を論じるのに**「期間」**という語を使うことには、**根本的な齟齬がある**と感じざるを得ない</u>[26]。

　最高裁の努力により、確かに「司法部と立法府との……緊張感を伴う相互作用」「実効性のあるキャッチボール[27]」がかなりの程度実現してきたとはいえる。しかし、そのために最高裁の憲法論にもかなりの負荷がかかっている。中選挙区制時代に構築された<u>判断枠組み</u>を、今後とも、その内実を変容させつつ用いつづけることが果たして妥当なのか、**再考すべき時期**が近づいているようにも感じられる。」（強調引用者）

(25)民集69巻7号206五頁。
(26)篠原・前掲注(23)126頁は、合理的期間の判断の「ブラックボックス」化の危険を指摘する。高見勝利・世界853号128頁、135頁（2014）は、最高裁の判断枠組みは「「違憲状態」が無限に継続する事態をも容認しうる」と指摘する。直接には参議院の判決についての論述であるが、櫻井智章・甲南法学53巻4号507頁、529-30頁（2013）も参照。
(27)平成27年判決の千葉補足意見（民集69巻7号2072頁）。これに対し、佐々木雅寿「衆議院小選挙区制の下での最高裁と国会との継続的対話」『憲法の基底と憲法論　高見勝利先生古稀記念』755頁（2015）は、最高裁と国会の対話において、最高裁のメッセ

ージが必ずしも「明確な内容」となっていないと指摘する（780頁）。しかし、最高裁はむしろあえて不明確な判決を示すことで国会との対話を試みようとしているのではなかろうか。このようなスタンスを維持しつづけるべきかどうか、またそれが可能かどうかが問われるように思われる。

と記述される。

　同記述に照らし、毛利教授は、平成25年大法廷判決（衆）、平成27年大法廷判決（衆）において、国会の行動が合理的期間内に行われたか否かを評価するにあたって、**選挙後の事情が評価の対象となっていること**を指摘し、「合理的期間論」は、**「再考すべき時期に近づいているように感じられる」**と評価しておられる。

　すなわち、毛利教授は、「合理的期間論」に否定的である。

　3　**安念潤司**中央大学教授は、「いわゆる定数訴訟について（四）」成蹊法学第27号（1988年）168〜169頁で、

　　「　結局筆者は、現段階では、**合理的期間論には与し難い**というほかはない。その理由は、これまでの叙述のうちに自ずから尽きていると思われるが、要するに、客観的に憲法の何らかの条項に反しているにもかかわらず、なお違憲ではないという法律構成には**理論的な基礎づけが欠けている**と判断せざるを得ないからである。したがって、**法律は、その規範内容が憲法の規範内容に客観的に抵触していれば**、その抵触状態が原始的であるにせよ後発的であるにせよ、**当然に憲法に違反する**。立法者の立法義務、ないしは、**いつ立法を行うかについての裁量権なるもの**を観念することはもとより可能であるが、それは何らかの意味での「責任」の分野に属する事柄であって、**客観的な違憲状態の存否とは分離して考えるべきであろう**。定数配分規定に即していえば、**それが憲法の選挙権の平等の要求に反するに至った時点で、当然に違憲となる**のである。」（強調　引用者）

と記述される。

　以上のとおり、安念教授は、「合理的期間論」に否定的である。

　4　**只野雅人**一橋大学教授は、「議員定数不均衡と改正の合理的期間」

憲法判例百選Ⅱ325頁で、

「　⑷　合理的是正期間をめぐってはつとに、**「違憲の主観化」との評価**があり、「客観的に違憲な法律状態を是正するための、立法者の主観的な立法義務が存在することをもって『違憲』の定義とする思考法」に行き着くことになるのではないかとの指摘があった（安念潤司「いわゆる定数訴訟について⑷」成蹊法学27号167頁）。「期間の長短」以外にも執られるべき立法措置をめぐる諸般の事情を考慮する判断手法は，かかる見立ての正しさを例証しているように思われる。加えて評価の観点には，「司法の判断を踏まえた」ものかどうかも含まれる。**合理的是正期間をめぐる判断は、「違憲状態の主観化」にとどまらず、「国会と最高裁の間の継続的な相互作用の場」**（宍戸常寿「一票の較差をめぐる『違憲審査のゲーム』」論ジュリ1号48頁）**と化している。**」（強調　引用者）

と記述される。

　同記述に示すとおり、只野教授は、「合理的期間論」に否定的である。

5　篠原永明甲南大学教授は、「平成24年衆議院議員選挙における選挙区割り規定の合憲性」法学論叢175書5号（京都大学法学会）125〜126頁で、

「Ⅴ　おわりに

　以上、選挙区割りの合憲性に係る判断に関する論点について、本判決の論旨を追いかけてきた。本判決は、較差の数的基準についての厳格な姿勢に加え、合理的期間の判断においても、「国会における是正の実現に向けた取組が司法の判断の趣旨を踏まえた立法裁量権の行使として相当なものであったといえるか否か」という判断基準を設定し、従来よりも踏み込んで国会の行為態様について口を出せる門戸を開いている。確かに、この総合考慮による立法者の行為態様の相当性判断の場へと変容した合理的期間の判断において、結局は違憲判決を避けるために、考慮要素を立法者の有利に、緩やかに評価するというのであれば、「後退」の誹りは免れないだろう。しかし、理屈の上では、この判断基準を厳格に運用するという可能性も否定できない。

結局のところ問題は、本判決に如実に表れているように、総合考慮における評価・判断の不明瞭さにある。かつては違憲状態か否かの判断基準が不明確であり「ブラックボックス」であると批判されていたところであり、見方によっては、最高裁は較差の基準を厳格化させた代わりに、新たな緩衝材の必要から、「ブラックボックス」を次の段階、すなわち合理的期間の判断に移動させただけとも言いうる。この相当性判断を総合考慮という「ブラックボックス」に置いたままであれば、結局は、立法者の行為態様について基準が不明確なまま厳格に統制を行い、選挙制度の形成に係る国会の権限を実質的に奪うことになるか、あるいは、国会に対する法的な統制を離れ、単なる諮問機関に自らの地位を貶めるかのいずれかであろう。**合理的期間の判断を、国会の行為態様の相当性を審査するものとして今後も運用するというのであれば、判断基準の精緻化がのぞまれる。それが無理なのであれば、自身が定式化した判断枠組みの正しさを、一から問い直してみるべきであろう。**」〔強調　引用者〕

と記述される。

　同記述に示すとおり、篠原教授は、「合理的期間論」に否定的である。

　6　内藤光博専修大学教授は、「154　議員定数不均衡と改正の合理的期間」判例百選Ⅱ［第6版］331頁で、

　「4　検討

　以上見てきたように，「合理的期間の法理」は，判例により形成され，学説でも一般的に受け入れられてきている。国会の法律改正のために**「合理的期間」を要するという論理**は，一見，議員定数に関する立法裁量（憲43条2項）に求められるように見えるが，**その不明確性の故に憲法学上大きな問題があると思われる**（この点に関する詳細な検証については、安念・後掲「いわゆる定数訴訟について」参照）。

　第1に，「合理的期間の法理」では，そもそも何故に国会が定数是正を行うために「憲法上要求される合理的期間」が認められるかという**憲法論的な根拠が不明確である。**すなわち，**憲法条項に違反する法**

令が，なぜ直ちに違憲無効とならないのかという原理的論点，そして「憲法上要求される」とする憲法上の根拠に関する憲法論的論証が欠如しているのである。通常の違憲判断に従えば，法令が違憲の状態に転化した時点で違憲無効となるのではなく，その法令に基づいて何らかの法的効果が生じたとき，すなわち公職選挙法の定数不均衡の規定についていえば，その規定に基づき**選挙**が施行され選挙権の不平等がもたらされた時点で**違憲無効と判断される**ものと考えられる。

　第2に，違憲審査基準としての妥当性に関わる問題である。**判例では，そもそも投票価値の平等についての基準自体が明確にされていない**のであるから（判例では衆議院では最大較差1対3未満，参議院では1対6未満で合憲としていると推測されるが，明確な基準はこれまで示されていない。学説では，1対2未満を合憲とする見解が有力である），どの時点で違憲状態が発生したか確定できないことになる。つまり「合理的期間」の起算点を特定することはそもそも不可能なのであるから，「合理的期間」の長さを数値化することもできない。したがって，「合理的期間」の算定は，**きわめて主観的**にならざるをえない。

　選挙権は表現の自由と同様に民主主義の根幹をなす基本的な権利であることから，選挙権を侵害する法令の違憲審査には厳格な司法審査が必要であることが強調されてきた（芦部信喜『憲法学Ⅲ〔増補版〕』[2000] 65頁）。しかし，「合理的期間の法理」では，その**憲法論的な根拠が不明確**であり，**起算点と期間の長さの基準も不明確**である。したがって，「合理的期間」の基準は，不均衡の是正について，「立法者に対して合憲性の統制を強く及ぼすものではないこと」，「一定年数期間の制約があるものの，国会の裁量に委ねられることになるから，その効果は強いものではないこと」から，緩やかな審査基準といえる（戸松秀典『憲法訴訟〔第2版〕』[2008] 354頁）。

　以上見てきたところによると，「投票価値の平等」を重視する一方で，定数是正に関する国会の立法裁量を認める「合理的期間の法理」を採用する2段階審査基準は，両者の調和を図るかに見える審査基準であるが，**その実，国会の広範な立法裁量の枠内で投票価値の平等に**

配慮するという**審査基準**であると考えられる。

　このような立法裁量を大幅に認める緩やかな2段階基準は，民主主義の根幹に関わる選挙権の平等に関わる違憲審査基準として**妥当とはいいがたい。**

　さらには，たとえ「合理的期間」の基準により違憲と判断されたとしても，これまでの判例からすると，結局は事情判決で選挙の効力が有効とされることになる。事情判決を前提とした上での「合理的期間」の基準に基づく**違憲の宣言**は，**「違憲の警告」**としての意味はあるものの，当該事件の解決に結びつかない違憲判断は，判例法として憲法秩序を形成するわけではなく，単なる裁判所の見解にとどまるものであるとすれば（戸松・前掲355頁），**「合理的期間の法理」自体の存在価値および有用性が問われることになろう。**」（強調　引用者）

と記述される。

　同記述に照らし、内藤光博教授は、「合理的期間の法理」に否定的である。

　7　**工藤達朗**中央大学教授は、「衆議院議員選挙と投票価値の平等」判時2838号135頁で、

　「　選挙区割りが可分か不可分かの問題はひとまず措いて、現在の選挙制度では、小選挙区選挙で当選した議員がすべて議席を失っても、比例区選出議員（176人）がいるかぎり混乱は生じないということもできる。ただ、原告は合理的期間論批判を昭和51年判決批判として行っており、昭和51年判決の時点では、全衆議院議員が議席を失うことになる。やはり、どこかで違憲と無効を切断しなければならないだろう[16]。

　私自身は、**合理的期間論には疑問があり、違憲状態であれば違憲判決を下すべきだと考える**が、違憲と無効を切り離した違憲宣言（違憲確認）判決は、平等や社会権に関する判決手法として有用だと考えている[17]。ただし、いずれにせよ、当面、最高裁が合理的期間論を捨てることはないであろうが。」（強調　引用者）

(16) 例えば、最高裁が違憲無効判決を下したとする。平成23年判決が違憲状態であると
した選挙の時点から全衆議院議員が存在しなかったとすると、内閣も存在せず、内閣の
任命する最高裁判所裁判官も存在しないことになってしまう。最高裁判所が違憲無効判
決を下しても、その最高裁判所が存在しないことになるのである。

(17) 最高裁の違憲状態判決と違憲判決には、判決の効力から見ると差がないという点に
ついて、工藤達朗「判批」重判解（平27年度）（2016年）9頁。

と記述される。

同記述のとおり、工藤教授は、「合理的期間論」に疑問を有しておられ
る。

8　**安西文雄**九州大学教授は、「158　一人別枠方式の合理性」憲法判例
百選Ⅱ〔第6版〕339頁で、

「　**3　合理的期間論について**

最高裁が合理的期間論を語る場合，これまでの例では人口の増減と
の対応関係においてなされてきた。較差が許容限度を超えてから合理
的期間がはじまるが，学説においては，その期間はおよそ5年と理解
されてきた。

しかし本件の場合，その合理的期間はこれまでのように人口の増減
との関連で考えられるものではない。平成19年判決が投票価値の平等
の要求に反する程度に至っていないとしていたので，直ちに違憲判断
に至るのではなく，国会の法律改正措置を促すべくワン・ステップを
入れた，という意味のものであろう。換言すれば，まずは違憲状態の
判決を下し，それでも国会が対応しないときにはじめて違憲・事情判
決によるという伝統的な作法に従ったものと思われる。

それにしても、激変緩和措置につき一定の期間を認め，そのあとさ
らに合理的期間というのは，**冗長にすぎないか，二重の糖衣ではない
か**，との感を否めない。」（強調　引用者）

と記述される。

安西教授は、「激変緩和措置につき一定の期間を認め，そのあとさらに
合理的期間というのは，冗長にすぎないか，二重の糖衣ではないか，との
感を否めない。」と記述するとおり、「合理的期間論」に否定的である。

9　**武田芳樹**山梨学院大学准教授は、「０増５減の改正を経た衆議院小選挙区選出議員の選挙区割規定の合憲性」新・判例解説 Watch 憲法 No.3（日本評論社、2016.10　Vol.19）22頁で、

> 「　本判決（平成27年大法廷判決（衆）引用者　注）では、平成24年総選挙時の最大較差が１対2.425であり72選挙区で較差が２倍以上となっていたことと比較すると、較差自体は縮小しており、「一定の前進と評価し得る法改正」が行われたと判断されている。また、本件選挙後に衆議院の検討機関において選挙制度見直しの検討が続けられていることも考慮して、立法裁量の行使として不相当とはいえず、**合理的期間**が徒過したとはいえないとの結論が導き出されている。
>
> 　**選挙後**に国会が較差是正のために行っている努力まで違憲審査の考慮要素とする手法については、「投票価値較差の合憲性を立法者の努力に大きく依存させるやり方の憲法解釈としての妥当性」を問題にする見解[4]がある。**選挙後に行われたいかなる取組も、選挙当時、現実に存在した較差の縮小には何ら寄与するはずがない。また、国会が較差是正に向けた取組を続ける姿勢を示すだけで、違憲判断を免れるのだとすれば、国会の真摯な対応を促すことは難しいだろう。**」（強調引用者）

> 　4）　毛利透「公職選挙法14条、別表第３の参議院（選挙区選出）議員の議員定数配分規定の合憲性」民商142巻４＝５号（2010年）58頁、70頁。

と記述される。

　武田准教授は、当該選挙後に衆議院議員の検討機関において選挙制度見直しの検討が続けられていることを考慮して、合理的期間が徒過したとまではいえないとの結論を導く、平成27年大法廷判決（衆）の「合理的期間論」について、「選挙後に行われるいかなる取組も、選挙当時、現実に存在した較差の縮小には何ら寄与するはずがない。」等の理由から、否定的である。

10　**高作正博**関西大学教授は、「公職選挙法14条、別表第３の参議院（選挙区選出）議員の議員定数配分規定の合憲性」判時2265号（判例評論680

号6）136頁で、

「　第二に、国会の裁量判断が相当であったかについて、立法過程に立ち入って判断が為されている点である。選挙制度の仕組み自体の見直しには相応の時間を要し、諸々の手続や作業が必要であるが、本件では、①基準日から本件選挙（平成25.7.21の参院選　引用者　注）までの期間は「約9か月にとどまる」こと、②「改革の方向性に係る各会派等の意見は区々に分かれて集約されない状況にあったこと」、③基準日から本件選挙までの間に平成24年改正が成立し、本件選挙後も検討が行われてきていることから、「国会の裁量権の限界を超えるものということはできない」と判断された。制度の見直しに要する協議・調整・時間等を重視し、平成24大法廷判決後の対応を「高く評価されるべき」（千葉勝美裁判官の補足意見参照），とする態度は、「憲法秩序の下における司法権と立法権との関係」からは適切なものと映るのかもしれない。しかし、検討さえ続けていれば、暫定的措置と抜本的改革の先送りを繰り返すものであっても違憲とは評価されないこととなり、格差是正は実現され得ない。**制度の仕組み自体の見直しがなされなければ、国会の裁量権を超えるものと解すべきであろう（大橋正春裁判官の反対意見）。**また、本判決（平成26年大法廷判決（参）　引用者　注）で、**「本件選挙後」の検討が、合理的期間を経過していない事情として考慮されている点にも違和感が残る。選挙時点での違憲性を検討すべき判断において、選挙後の事情を考慮すべきではなかったのではないか。**千葉勝美裁判官の補足意見は、国会における「較差是正の姿勢」の裏付けとなる「間接的な事情として参酌される」と指摘する。**取消訴訟における違法判断の基準時については処分時説が判例・多数説である**（高田敏編『新版行政法』（有斐閣、2009年）294頁参照）ことと比較すると、投票価値の平等を後退させるほどに重視すべき要素とは考えられない。」（強調　引用者）

と記述される。

　上記の「また、本判決で、**「本件選挙後」の検討が、合理的期間を経過**していない事情として考慮されている点にも**違和感が残る。選挙時点での**

違憲性を検討すべき判断において、選挙後の事情を考慮すべきではなかったのではなかい。」の記述の示すとおり、高作教授は、「合理的期間論」に否定的である。

11　原田一明立教大学教授は、「衆議院定数不均衡大法廷判決」「最高裁平成30年12月19日大法廷判決」法学教室 Apr. 2019 131頁で、平成30年大法廷判決（衆）について、

　　「　しかし、**立法内容の憲法適合性審査に際して、国会の努力という主観的要素**に重きをおいて裁量権の当否を判断することが**果して妥当なのか**、まずは、選挙区間の**人口較差が国民の権利を侵害しないとする**理由が厳しく問われるべきとの批判は本件多数意見に対しても妥当するように思われる（泉・後掲174-175頁、林裁判官の意見、鬼丸裁判官の反対意見も参照）。」（強調　引用者）

　　【参考文献】只野雅人『代表における等質性と多様性』、泉徳治『一歩前へ出る司法』」
と記述される。

　上記の「**立法内容の憲法適合性審査に際して、国会の努力という主観的要素**に重きをおいて裁量権の当否を判断することが**果して妥当なのか**、……」の記述に照らし、原田教授は、「国会の努力という主観的要素に重き」をおく、「合理的期間論」に否定的である。

第3章　事情判決の法理は、各利益の比較衡量により、「選挙が無効か否か」を決する法理である：(本書58~139頁)

Ⅰ　【要約】「①選挙無効判決が言渡されないことにより被害を被る原告らの不利益（すなわち、正統性を欠く、国会議員および内閣総理大臣の国家権力の行使により、毎日被害を被る原告らの国民の不利益）の大きさ（前者）と、

②（選挙無効判決の結果生じ得る）憲法の「所期」しない事態が出現されることによってもたらされる不都合、その他諸般の事情（後者）との比較衡量により、

「選挙が無効か否か」を決する昭和60年大法廷判決（衆）の事情判決の法理によれば、前者の不利益が後者の不利益より、より大なので、本件選挙は無効である：(本書58~68頁)

1　昭和51年大法廷判決（衆）(本書58~60頁)

昭和51年大法廷判決（衆）は、民集30巻3号252~254頁で、
「　しかしながら、他面、右の場合においても、選挙無効の判決によつて得られる結果は、当該選挙区の選出議員がいなくなるというだけであつて、真に憲法に適合する選挙が実現するためには、公選法自体の改正にまたなければならないことに変わりはなく、更に、全国の選挙について同様の訴訟が提起され選挙無効の判決によつてさきに指摘したのとほぼ同様の**不当な結果**を生ずることもありうるのである。また、**仮に一部の選挙区の選挙のみが無効とされるにとどまつた場合**でも、もともと同じ憲法違反の瑕疵を有する選挙について、そのあるものは無効とされ、他のものはそのまま有効として残り、しかも、右公選法の改正を含むその後の衆議院の活動が、選挙を無効とされた選挙区からの選出議員を得ることができないままの**異常な状態**の下で、行われざるをえないこととなるのであつて、このような結果は、憲法上決して望ましい姿ではなく、また、その**所期するところ**でもないというべきである。それ故、公選法の定める選挙無効の訴訟において同法

の議員定数配分規定の違憲を主張して選挙の効力を争うことを許した場合においても、右の違憲の主張が肯認されるときは常に当該選挙を無効とすべきものかどうかについては、更に検討を加える必要があるのである。

　そこで考えるのに、行政処分の適否を争う訴訟についての一般法である**行政事件訴訟法は、三一条一項前段**において、当該処分が違法であつても、これを取り消すことにより公の利益に著しい障害を生ずる場合においては、諸般の事情に照らして右処分を取り消すことが公共の福祉に適合しないと認められる限り、裁判所においてこれを取り消さないことができることを定めている。この規定は法政策的考慮に基づいて定められたものではあるが、しかしそこには、行政処分の取消の場合に限られない一般的な法の基本原則に基づくものとして理解すべき要素も含まれていると考えられるのである。もつとも、行政事件訴訟法の右規定は、公選法の選挙の効力に関する訴訟についてはその準用を排除されているが（公選法二一九条）、これは、同法の規定に違反する選挙はこれを無効とすることが常に公共の利益に適合するとの立法府の判断に基づくものであるから、選挙が同法の規定に違反する場合に関する限りは、右の立法府の判断が拘束力を有し、選挙無効の原因が存在するにもかかわらず諸般の事情を考慮して選挙を無効としない旨の判決をする余地はない。しかしながら、本件のように、**選挙が憲法に違反する公選法に基づいて行われた**という一般性をもつ瑕疵を帯び、その是正が法律の改正なくしては不可能である場合については、単なる公選法違反の個別的瑕疵を帯びるにすぎず、かつ、直ちに再選挙を行うことが可能な場合についてされた前記の立法府の判断は、必ずしも拘束力を有するものとすべきではなく、前記行政事件訴訟法の規定に含まれる法の基本原則の適用により、選挙を無効とすることによる不当な結果を回避する裁判をする余地もありうるものと解するのが、相当である。**もとより、明文の規定がないのに安易にこのような法理を適用することは許されず、殊に憲法違反という重大な瑕疵を有する行為については、憲法九八条一項の法意に照らしても、一般に**

その効力を維持すべきものではないが、しかし、このような行為についても、**高次の法的見地から、右の法理を適用すべき場合がないとはいいきれないのである。**」（強調　引用者）

と記述する。

2　昭和60年大法廷判決（衆）（本書60～62頁）

さらに、昭和60年大法廷判決（衆）は、民集39巻5号1123頁で、

「　たとえ当該訴訟において議員定数配分規定が違憲と判断される場合においても、これに基づく選挙を常に無効とすべきものではない。すなわち、違憲の議員定数配分規定によつて選挙人の基本的権利である選挙権が制約されているという不利益など当該選挙の効力を否定しないことによる**弊害**、右選挙を無効とする判決の結果、議員定数配分規定の改正が当該選挙区から選出された議員が存在しない状態で行われざるを得ないなど一時的にせよ憲法の予定しない事態が現出することによつてもたらされる**不都合、その他諸般の事情**を**総合考察**し、いわゆる**事情判決の制度**（行政事件訴訟法三一条一項）**の基礎に存するものと解すべき一般的な法の基本原則**を適用して、選挙を無効とする結果余儀なくされる不都合を回避することもあり得るものと解すべきである（昭和五一年大法廷判決参照）。」（強調　引用者）

と記述する。

そして、**4判事**（寺田治郎最高裁長官、木下忠良判事〈第二小法廷所属〉、伊藤正己判事〈第三小法廷所属〉、矢口洪一判事〈第一小法廷所属〉。ただし、寺田治郎最高裁長官は、最高裁を代表して、木下忠良判事は、事実上第二小法廷を代表して、伊藤正己判事は、事実上第三小法廷を代表して、矢口洪一判事は、事実上第一小法廷を代表して、国会に向けて最高裁判所裁判官・15人全員の『較差の是正がされることなく、選挙が実施される場合は、**無効判決もありうる**』旨の**警告**を記述していると解される）は、補足意見として、同1125～1126頁で、

「　**二　昭和五八年大法廷判決**は、昭和五五年六月施行の衆議院議員選挙当時投票価値の較差が憲法の選挙権の平等の要求に反するものであることを肯定しながら、いまだその是正のための合理的期間が経過

したものとはいえないとして、議員定数配分規定を憲法に違反するものと断定することはできないと判断したが、右投票価値の較差が憲法の選挙権の平等の要求に反する程度に至つていたことを重視し、議員定数配分規定はできる限り速やかに改正されることが望まれる旨を付言した。それにもかかわらず、**その後現在まで右改正は実現していない**。そして、右規定の是正のための合理的期間が既に経過していることは、多数意見、反対意見を通じて異論のないところであり、また、本判決の是認する原判決の違法宣言の実質が**違憲宣言**であることを併せ考えると、右是正の急務であることは、昭和五八年大法廷判決当時の比ではない。一日も早く右の是正措置が講ぜられるべきものであることを強調せざるを得ない。

　三　ところで、右是正措置が講ぜられることなく、現行議員定数配分規定のままで施行された場合における選挙の効力については、**多数意見で指摘する諸般の事情を総合考察して判断される**ことになるから、**その効力を否定せざるを得ないこともあり得る**。その場合、判決確定により当該選挙を直ちに無効とすることが相当でないとみられるときは、**選挙を無効とするがその効果は一定期間経過後に始めて発生する**という内容の判決をすることも、できないわけのものではない。けだし、議員定数配分規定の違憲を理由とする選挙無効訴訟（以下「定数訴訟」という。）は、公職選挙法二〇四条所定の選挙無効訴訟の形式を借りて提起することを認めることとされているにすぎないものであつて（昭和五一年大法廷判決参照）、これと全く性質を同じくするものではなく、本件の多数意見において説示するとおり、その判決についてもこれと別個に解すべき面があるのであり、定数訴訟の判決の内容は、憲法によつて司法権にゆだねられた範囲内において、右訴訟を認めた目的と必要に即して、裁判所がこれを定めることができるものと考えられるからである。」（強調　引用者）

と記述する。

　すなわち、昭和60年大法廷判決（衆）の**事情判決**の法理によれば、

「違憲の議員定数配分規定によつて選挙人の基本的権利である選挙権が制約されているという不利益など当該選挙の効力を否定しないことによる**弊害**」（前者。引用者 注〈強調 引用者〉）と「**右選挙を無効とする判決の結果、議員定数配分規定の改正が当該選挙区から選出された議員が存在しない状態で行われざるを得ないなど一時的にせよ憲法の予定しない事態が現出することによつてもたらされる不都合、その他諸般の事情**」（後者。引用者 注〈強調 引用者〉）とを**比較衡量**して判断した結果（ただし、**昭和58年大法廷判決の中村治朗判事の反対意見**の「その選挙の効力が争われる訴訟において、選挙権の平等に対する侵害の是正の**必要性**がもはや選挙を無効とすることによつて生ずべき**不利益**よりも優越するに至つているものとして、当該請求を認容し、**選挙無効の判決をすべきものとされる可能性は十分にある**と思われる」〈民集37巻9号1287頁〉の記述は、選挙権の平等に対する侵害の是正の必要性と選挙を無効とすることによって生ずべき不利益の**比較衡量**の判断方法を説示している、と解される。）、

前者の不利益（すなわち、違憲の選挙で選出された**正統性を欠く国会議員**および内閣総理大臣が、国家権力を行使することによって、**毎日損害を被る国民の不利益**）の方が、後者の不利益より大である場合は、選挙が**無効**となる、と解される（上記4判事〈寺田治郎最高裁長官、木下忠良判事、伊藤正己判事、矢口洪一判事〉の補足意見 参照）。

3　比較衡量（具体的な検討）（本書62〜68頁）

ここで、本件選挙につき、「違憲の議員定数配分規定によつて選挙人の基本的権利である選挙権が制約されているという不利益など当該選挙の効力を否定しないことによる**弊害**」（前者）と「**右選挙を無効とする判決の結果、議員定数配分規定の改正が当該選挙区から選出された議員が存在しない状態で行われざるを得ないなど一時的にせよ憲法の予定しない事態が現出することによつてもたらされる不都合、その他諸般の事情**」（後者）の2つの不利益を、下記の 1 〜 6 （本書62〜67頁）に示すとおり、具体的に**比較衡量**する。

1 衆院選は、小選挙区選出選挙と比例代表選出選挙の併用であり、参

院選も、選挙区選出選挙と比例代表選出選挙との併用である。

一方で、衆院選においては、比例代表選出議員の定数（176人）（公職選挙法4条1項）は、衆院議員の定数（465人）（同法同条同項）の1／3を超えている。

他方で、参院選においても、比例代表選出議員の定数（100人）（同法同条2項）は、参議院議員の定数（248人）（同法同条同項）の1／3を超えている。

よって、参院選（選挙区）が、全選挙区において違憲無効となった場合は、比例代表選出参院議員が存在するので、参院の定足数を満たし、参院は、100％有効に、国会活動を継続し得る。

同じく、衆院選（小選挙区）で、全小選挙区において、違憲無効となった場合も、比例代表選出衆院議員が定足数を満たすので、衆院は、100％有効に国会活動を継続し得る。

したがって、衆院選でも、参院選でも、選挙が全選挙区で違憲無効となっても、毫も<u>社会的不都合又は社会的混乱は生じない</u>。

なお、本件訴訟では、選挙人らが、**全45選挙区で提訴**しているので、最高裁が違憲無効判決を言渡す場合は、全45選挙区の各選挙が違憲無効となる。したがって、本件訴訟では、提訴された選挙区が千葉1区のみであった、昭和51年大法廷判決（衆）の場合のような、千葉1区の選挙のみが無効となり、未提訴の他の選挙区の選挙が有効であるという、いわゆる凸凹現象という不都合は生じない。

2　憲法54条に基づき、衆院は、解散される。衆院議員が任期途中で解散により身分喪失することは、憲法の「所期」するところであり、解散は、社会的混乱に該当しない。衆院の解散の例に照らして、参院選においても、選挙違憲無効判決により、参院議員が任期途中に身分を喪失したとしても、衆院の解散の場合と同様、そのことにより<u>社会的不都合又は社会的混乱が生じるとは、およそ解されない</u>。

3　「違憲無効」判決の言渡しにより、選挙が無効とされ、内閣総理大臣

が地位を失うと、社会的混乱や不都合が生じるか否かの問題を以下検討する。

　憲法70条は、そもそも、何らかの事由により、内閣総理大臣が地位を失う場合があり得ることを予定する規定である。「違憲無効」判決による内閣総理大臣の地位の喪失は、憲法70条の予定の範囲内のことであって、社会的混乱や不都合は生じない。

　国会議員たる内閣総理大臣が「違憲無効」判決によって国会議員の地位を喪失した時は、憲法70条にしたがって、内閣は総辞職をしなければならない。この場合、憲法71条にしたがって、内閣は、新たに内閣総理大臣が任命されるまで、引き続きその職務を行う。

　以上のとおり、選挙が「違憲無効」判決によって無効とされても、それは憲法の予定の範囲内のことであり、「違憲無効」判決の言渡し時に、内閣総理大臣がその地位を喪失して、内閣が総辞職し、内閣が、新たに内閣総理大臣が任命されるまで、引き続きその職務を行うので、憲法の「所期」しない、社会的混乱や不都合は生じない。

4　昭和51年大法廷判決（衆）民集30巻3号251頁は、
　　「　次に問題となるのは、現行法上選挙を**将来に向かつて形成的に無効**とする訴訟として認められている公選法二〇四条の選挙の効力に関する訴訟において、判決によつて当該選挙を無効とする（同法二〇五条一項）ことの可否である。この訴訟による場合には、選挙無効の判決があつても、これによつては**当該特定の選挙が将来に向かつて失効する**だけで、他の選挙の効力には影響がないから、前記のように選挙を当然に無効とする場合のような不都合な結果は、必ずしも生じない。」（強調　引用者）
と判示し、【公選法204条に基づく選挙無効請求訴訟の選挙無効判決の効力は、遡求せず、将来に向って選挙を無効にするものであること】を明言している。

　したがって、この点でも、社会的不都合や社会的混乱は生じない。

5　憲法前文第1項第1文は、「**主権が国民に存する**ことを宣言し、」と
定め、

同第2文は、「そもそも**国政**は、**国民の厳粛な信託**によるものであって、
**その権威は国民に由来し、その権力は国民の代表者がこれを行使し、その
福利は国民がこれを享受する。**」(強調　引用者)

と定める。

すなわち、同憲法前文第1項第2文は、【主権者が国政の委託者兼受益
者たる国民(主権者)の利益が、国民の代表者であって、国政の受託者で
しかない国会議員の利益に優越すること】を明記している。

さらに、憲法1条は、「**主権の存する日本国民**」と定める。

したがって、①選挙無効判決が出ないことによって被る国民(主権者)
の不利益(すなわち、違憲の選挙により選出された**正統性を欠く国会議員**[9]の

---

9)　平成26年大法廷判決(参)において、5最高裁判事(櫻井龍子、金築誠志、岡部
　喜代子、山浦善樹、山﨑敏充)は、同人らの補足意見(民集68巻9号1383(21)頁)
　の中で
　　　「しかし,投票価値の不均衡の是正は,議会制民主主義の根幹に関わり,国権の
　　最高機関としての国会の活動の**正統性**を支える基本的な条件に関わる極めて重要
　　な問題であって,違憲状態を解消して民意を適正に反映する選挙制度を構築する
　　ことは,国民全体のために優先して取り組むべき喫緊の課題というべきものであ
　　る。」(強調　引用者)
　と記述するとおり、同5最高裁判事は、投票価値の不均衡の是正のされていない当
　該選挙(すなわち、いわゆる「違憲状態」の選挙)で選出された参院議員は、「**国
　会の活動の正統性**」(強調　引用者)を欠く旨明言している。
　　更に、同平成26年大法廷判決(参)の大橋正春、鬼丸かおる、木内道祥の3最高
　裁判事は「当該選挙は、違憲違法」の反対意見(大橋正春　民集68巻9号1389(27)
　〜1396(34)頁;鬼丸かおる　同1396(34)〜1405(43)頁;木内道祥　同1405(43)
　〜1416(54)頁)であり、山本庸幸最高裁判事は、「当該選挙は、違憲無効」の反対
　意見(同1416(54)〜1422(60)頁)である。したがって、当該4最高裁判事も、当該
　「違憲状態」選挙で選出された国会議員は、「**国会の活動の正統性**」を欠くと解して
　いると解される。
　　すなわち、平成26年大法廷判決(参)の15最高裁判事のうち、上記の**9最高裁判
　事**(櫻井龍子、金築誠志、岡部喜代子、山浦善樹、山﨑敏充、大橋正春、木内道祥、
　鬼丸かおる、山本庸幸)が当該選挙で選出された国会議員は、「**国会の活動の正統
　性**」を欠くと判断している、と解される。
　　平成26年大法廷判決(参)の同9最高裁判事は、「違憲状態」の参院選(選挙区)

国会活動や、その国会により指名される**正統性を欠く**内閣総理大臣の行政権の行使により、**毎日被害を被る選挙人ら・国民の不利益**）と②選挙無効判決が出たことによる国会議員の不利益又は公益に生じる損害を**比較衡量**すると、選挙無効判決が出ないことにより、**毎日**被害を被る国民の不利益が、選挙無効判決が出たことにより被る国会議員の不利益や社会的不都合や社会的混乱により生じる損害より、明らかにより**大**である。よって、対国会議員との関係で、主権者たる国民の利益優先の憲法の規定（憲法前文第1項第1文、1条）に照らし、憲法の投票価値の平等の要求に反する当該選挙は、違憲無効である。

6　**平成25年大法廷判決（衆）は、民集67巻8号1523～1524頁で、**

「　これらの憲法の投票価値の平等の要求に反する状態を解消するためには、旧区画審設置法3条2項の定める1人別枠方式を廃止し、同条1項の趣旨に沿って平成22年国勢調査の結果を基に各都道府県への選挙区の数すなわち議員の定数の配分を見直し、それを前提として多数の選挙区の区割りを改定することが求められていたところである。その一連の過程を実現していくことは、**多くの議員の身分にも直接関わる事柄**であり、平成6年の公職選挙法の改正の際に人口の少ない県における定数の急激かつ大幅な減少への配慮等の視点から設けられた1人別枠方式によりそれらの県に割り当てられた定数を削減した上でその再配分を行うもので、制度の仕組みの見直しに準ずる作業を要するものということができ、立法の経緯等にも鑑み、**国会における合意の形成が容易な事柄ではない**といわざるを得ない。」（強調　引用者）

と判示する。

上記判示は、【一票の較差の解消を遅延させている原因が、一票の較差の解消が「多くの議員の**身分にも直接関係する事柄**であり、」そのため「**国会の合意の形成が容易な事柄ではない**」ことにあること】を鋭くかつ

率直に指摘している。

すなわち、同判示は、【一票の較差問題が、越山康弁護士による本邦初の1962年の選挙無効訴訟提訴以降当該判決時（平成25〈2013〉年）迄の51年もの長期間に亘って解決されていない根本の理由が、選挙無効判決が多くの国会議員の**身分の喪失**に係るが故に、国会内での合意の形成が容易でないこと】を見抜いている。

この国会議員の身分の喪失の点に焦点を当てて考察すれば、【「正当（な）選挙」（憲法前文第1項第1文冒頭）とはいえない選挙で選出された**正統性を欠く**国会議員が、**国家権力を行使することにより毎日被害を被る国民の不利益**（すなわち、違憲状態の選挙たる非人口比例選挙のため、全有権者の過半数（多数）が全国会議員の過半数（多数）を通じて、多数の意見で、内閣総理大臣を指名できずかつ立法できないという、主権者たる日本国民全員が被る不利益）】（前者）と、【選挙無効判決による**身分の喪失**という国会議員が被る不利益】（後者）とを**比較衡量**すると、【「正当（な）選挙」（憲法前文第1項第1文冒頭）とはいえない選挙で選出された**正統性を欠く**国会議員が、**国家権力を毎日行使することにより被害を被る国民の不利益**）】（前者）が【選挙無効判決による**身分の喪失**という国会議員が被る不利益】（後者）より、より**大**であると言わざるを得ない。

（上記 1 〜 6 の小括）

上記の 1 〜 6 （本書62〜67頁）に示したとおり、【「正当（な）選挙」（憲法前文第1項第1文冒頭）とはいえない選挙で選出された**正統性を欠く**国会議員が、**国家権力を行使することにより毎日被害を被る国民の不利益**】（前者）と【選挙を無効とする判決の結果もたらされる**不都合、その他諸般の事情**】（後者）とを比較衡量すると、前者の不利益が、後者の不利益より、**圧倒的に大**なので、本件選挙は、憲法98条1項の適用により、無効であると解される。

1962年〜今日迄の59年間、多くの憲法学者、多くの法律家は、衆院選の一票の較差が1対1.98又はそれ以上であることおよび参院選の一票の較差

が1対3.00又はそれ以上であることの違憲性を議論してきたが、【違憲状態の選挙で選出された国会議員が、国会活動の**正統性を欠く**ということ】の**深刻な憲法問題**を議論してこなかった。

しかしながら、冷静に考えてみれば、違憲状態の選挙で選出された国会活動を行う**正統性を欠く**国会議員を含む国会が、立法権を**毎日**行使し続けることは、憲法の理念に照らし、**驚天動地の不条理**である。

しかしながら、日々の現実は、昨日も、今日も、明日も、それ以降も、

一方で、この**正統性を欠く**国会議員を含む国会が立法権を**毎日**行使し続け、

他方で、主権者たる国民は**正統性を欠く**国会議員を含む国会により立法された法律に**毎日**拘束され続けるという、筆舌に尽くしがたい苛酷な被害を被っている。

現憲法下で起きているかかる**不条理**は、止めなければならない。

最高裁は、（正統性を欠く選挙で選出された国会議員を含む）国会の国会活動を止める権力（違憲法令審査権〈憲法81条〉）を有し、かつ**その権力を行使する義務を負っている**（憲法76条3項、99条）。

Ⅱ　19人の憲法学者の意見：（本書68〜89頁）

下記1〜19（本書68〜88頁）に示すとおり、下記の19人の憲法学者は、それぞれ、

『選挙が、憲法の平等の要求に反する場合、又は憲法の平等の要求に反する状態の場合は、選挙は、**無効**、又は一定期間経ても違憲の公選法の区割り規定が治癒されない場合は、**無効**ということもあり得る』旨等議論される。

1　**長谷部恭男**東京大学教授（当時）は、「投票価値の較差を理由とする選挙無効判決の帰結」法学教室 No.380　2012年5月号40〜41頁で、

「　現在問題となっている1人別枠方式とそれに基づく選挙区割りの場合，小選挙区制である以上，失われる議員も選挙区ごとに一人にとどまる[13]。しかも，**平成23年の大法廷判決は1人別枠方式の廃止を含め速やかな是正が要請される点を明確に摘示している。**是正に必要な

合理的期間は十分にあったと言うべきであろう。それにもかかわらず是正がなされることもなく解散・総選挙が行われたとき，事情判決の法理をとることはかえって，国会が最高裁の判断を正面から無視し，それを最高裁が甘受するという**憲法の到底所期しない結果**を招くこととなる。また，１人別枠方式を廃止した後の選挙区割りの在り方についても，十分な準備作業を行う時間的余裕があったはずであり，選挙無効判決後に国会による早急な是正と再選挙を要求することも，さして酷とは言えない。仮に公選法33条の２第１項の要求する期間内での再選挙が困難であるとしても，**期間の特例を定める立法措置**をとることは可能であろう[14]。

　最高裁が**事情判決の法理**をとることなく，選挙区ごとの**選挙無効**の判断を下す可能性は十分にあるし，従来の経緯からしても，それは大方の世論の納得するところでもあると思われる。」（強調　引用者）

　　13)　事情判決の法理の採用を中選挙区制に特有のものとする理解として，川岸令和「違憲裁判の影響力──司法の優位についての覚書」戸松秀典＝野坂泰司編『憲法訴訟の現状分析』（有斐閣，2012）101頁がある。
　　14)　前掲注12)で触れた中村裁判官の反対意見は，憲法違反を理由とする選挙無効訴訟の後に行なわれるべき選挙は，「常に前記［公選法］109条４号所定のいわゆる再選挙として行なわれなければなら」ないとする理由はないとし，特別の立法措置に基づく特別の選挙の可能性を示唆する。

と記述される。

　2　**藤田宙靖**東北大学名誉教授・元最高裁判事は、「『一票の格差訴訟』に関する覚書」法の支配171号87～89頁で、

　　「ところが周知のように，右の大法廷判（平成51年大法廷判決（衆）引用者　注）は，それにも拘らず，無効判決をすることによって「公の利益に著しい障害」が生じるとの理由により，選挙の違法（区割り規定の違憲）は認めつつも，選挙無効を求める原告の請求を棄却した。周知のように，これは，行政事件訴訟法31条に定める「事情判決」の考え方（そこに含まれる「一般的な法の基本原則」）を引き合いに出すことによってなされたものである。では，先に見たような前提を踏まえるにも拘らず，何が"公の利益に生じる著しい障害"となるというので

あろうか？

　右の大法廷判決（平成51年大法廷判決（衆）引用者　注）は，この点について，①**「選挙無効判決によって得られる結果は，当該選挙区の選出議員がいなくなるというだけであって，**真に憲法に適合する選挙が実現するためには，公選法自体の改正に待たなければならない」こと，また②「仮に一部の選挙区の選挙のみが無効とされるにとどまった場合でも，もともと同じ憲法違反の瑕疵を有する選挙について，そのあるものは無効とされ，他のものはそのまま有効として残り，しかも，右公選法の改正を含むその後の衆議院の活動が，選挙を無効とされた選挙区からの選出議員を得ることができないままの異常な状態の下で行われざるを得ないこととなる」という理由を挙げ，**「このような結果は，憲法上決して望ましい姿ではなく，またその所期するところでもない」**と説明している。

　（略）

　しかしそれよりも重要であるのは，今回の事態にあっては，公選法の改正自体は既に行われているということである。先に述べたように，国会は，平成21年（ママ）大法廷判決（平成23年大法廷判決か　引用者注）の存在にも拘らず，同判決で「違憲状態」とされた区割り規定の改正がなされないままに解散し，今回の事件を惹起することになった。しかし，今回の事件で上記各高裁判決が出揃った後になって漸く，ともかくも，大法廷判決の趣旨に沿った（と称する），いわゆる「0増5減」の法改正を行った。この法改正によって，右大法廷判決が指摘する憲法上の問題点が全てクリアーされたか否かについては，大いに議論があるととるであるが，しかし少なくとも立法府は，最高裁の判断に従った公選法改正を行ったものと考えているのであるから，仮に最高裁が今回の事件について選挙無効判決を行ったとしても，（最高裁の考え方に従えば，違憲・違法な選挙によって成立した国会の手によるものであっても，この間の立法自体は無効とはならないのであるから）直ちに再選挙を行うに，何ら支障は無い筈である。つまり，先に見た平成51年大法廷判決の指摘する**問題点①**は，今回の事件では，

選挙無効判決をすることに対する決定的な支障とはならないのである。

　次に同判決が指摘する**問題点②**であるが，これは，要するに，同じく違憲な選挙によって選ばれた議員の中に，訴訟の対象とされた結果選挙が無効とされ資格を失う議員と，たまたま訴訟の対象とされなかったために資格を失わない者との違いが出ることは，「憲法上決して望ましい姿ではなく，また，その所期するところでもない」という考え方である。

　（略）

　そうすると，仮に**全選挙区**について選挙無効訴訟が提起された場合には，皮肉なことに，この点での**障害は無くなってしまうことになる**（同大法廷判決も，別の文脈で，結果的にこのような事態が生じ得ること認めている）から，その限りにおいて，もともと，**上記②の理屈**は，実質的に，およそ**選挙の無効を認めないという決定的な理論的根拠とはなり難いのである。**現に，過ぐる 7 月21日に行われた参議院選挙について，全国47都道府県選挙区につき，弁護士グループが選挙無効訴訟を提起した旨の新聞報道がなされている。」（強調　引用者）

と記述される。

　すなわち、藤田宙靖東北大学名誉教授・元最高裁判事は、各原告が全選挙区につき提訴しているので、平成25年（2013）年 7 月21日参院選無効請求事件では、『昭和51年大法廷判決（衆）の事情判決の法理を適用して選挙の無効を認めない』という理論的根拠は無い、と記述される。

　3　**浅野博宜**神戸大学教授は、「合理的期間論の可能性」『憲法理論とその展開　浦部法穂先生古稀記念』（信山社、2017年）180〜186頁で、

　「　しかし，本稿は，合理的期間論を**違憲警告**として用いるのであれば，合理的期間を経過したと判断した場合は，**公選法について無効判決を下すこととし**（選挙については事情判決を行う），そのような判断の効果として，判決以降は当該公選法によっては選挙を実施できなくなる（つまり，そのままでは次回選挙を実施できなくなる）と解することが，より目的に対して適合的ではないかと考える。

71

これは，違憲警告という論理に素直な考え方である。違憲警告は，
憲法に違反していれば無効が原則であるところを，国会自らが公選法
を改正することが望ましいことを理由に，まずは違憲状態判決を行う
というのであるから，国会がそれに従わないというのであれば，原則
に帰って公選法を違憲無効と判断することになるはずである。」（強調
引用者）

と記述される。

　4　**山本真敬**新潟大学准教授は、（山本真敬執筆「第2章　終わらない事
情——いつになれば無効になるのか？実際に無効となれば、どうなるのか？」
大林啓吾ら編『憲法判例のエニグマ』）（成文堂、2018年）185頁で、

　「　冒頭にも述べたように，**最高裁の多数意見**は，違憲状態と違憲の
間で国会との「対話」を続けているとされる。しかし，**少数意見**に目
を転じてみると，かなり多様な意見が出始めていることが分かる。そ
の中には，**全部違憲・全部無効としたとしても，「憲法の所期すると
ころに反する」事態は，小選挙区比例代表並立制（衆議院）の下では
中選挙区制時代と異なり生じないことを示唆する見解や，全部違憲・
一部無効を探る見解**が登場し，特に後者を唱える裁判官が増加してい
る。全部違憲・一部無効を唱える裁判官において，いかなる選挙区を
無効とすべきかという議論が深化しつつあるとともに，無効とされた
選挙により選出された議員の処遇も，議論が始まったところである。

　それゆえ，本章冒頭の問いに対しては，現段階では，最高裁の多数
意見だけからは未だ答えることができない。しかし，将来，選挙の効
力が問われる事態に至った場合には，これら**少数意見が切り開きつつ
ある論点が，最高裁多数意見にとって重要な検討材料を提供してくれ
る**ものと思われる[32]。」（強調　引用者）

　32）参照，大林啓吾・見平典編『最高裁の少数意見』第1・2章（成文堂，2016年）

と記述される。

　5　**芦部信喜**東京大学教授は、『人権と憲法訴訟』（有斐閣、1994年）

72

263～265頁で、

「 1　選挙無効判決

　新しい考え方の第一は、**58年判決反対意見（団藤、中村）**に示唆され、**60年判決補足意見（補足4人〈寺田治郎、木下忠義、伊藤正己、矢口洪一〉）**においてかなり詳しく論及されている**選挙無効判決**である。前者は純粋無効判決で、その具体的内容は必ずしも明らかでないが、後者は無効の効果を一定期間経過後に発生させる内容の判決（**将来効的判決**）も可能であるとするもので、ともに注目に値すると言うことができる。もっとも、異論も少なくない。その理由は次の二点にあるように思う[1]。

　(1)　問題点——事情判決法理の捉え方

　①　第一は、事情判決法理をとった最初の判決（以下、一次訴訟という）が下されたにもかかわらず、国会が定数是正を行わず総選挙が施行され、新しく訴訟（以下、二次訴訟という）が提起された場合に、選挙無効判決を下すことができるとすれば、51年判決が事情判決法理を援用する論拠とした四つの理由（ⓐ選挙を無効としても憲法に適合する選挙が実現するためには公選法が改正されねばならない。ⓑ全国的に同じ訴訟が提起され選挙無効判決が下されると、定数規定が全体として当初から無効の場合とほぼ同じことになるから、すべての議員が議員としての資格を有しなかったという不当な結果を生む。ⓒ仮に一部選挙区の選挙のみが無効とされる場合でも、同じ違法の瑕疵を有する選挙について、あるものだけが無効とされ、他はそのまま有効として残る。ⓓ公選法の改正を含む衆議院の活動が選挙無効の選挙区からの議員を欠いたままの異常な状態の下で行われざるをえない。）は根拠が薄弱となり、少なくともⓐの理由は妥当しなくなってしまうという批判である。

　たしかに、二次訴訟で純粋無効判決を下すことが可能だとする考え方は、結論的には、51年判決における**岡原等5裁判官反対意見**（定数配分規定は不可分一体ではなく可分的であり、定数規定が違憲である以上は、公選法205条によって選挙の無効が争われた当該選挙区の選挙は無効とすべきであるとする）と同じに帰着するから、そうだとすれば、初め

73

の一次訴訟に事情判決法理を援用する理由として⑧の点をあげる理由は消滅するであろう（もし⑧の理由を重視するならば、二次訴訟では選挙無効判決は理論的にはできない、という考え方につき後述の②の㈡㈭の個所参照）。

　しかし、そのことは、判例理論からみれば、それほど基本的な問題点ではない。判例は、60年判決が説いているように、事情判決法理の適用を、「違憲の議員定数配分規定によって**選挙人の基本的権利である選挙権が制約されているという不利益など当該選挙の効力を否定しないことによる弊害**、右選挙を無効とする判決の結果、議員定数配分規定の改正が当該選挙区から選出された議員が存在しない状態で行われざるを得ないなど一時的にせよ憲法の予定しない事態が現出することによってもたらされる**不都合、その他諸般の事情を総合考察**」して行う、という立場をとり、かなり広汎にわたる諸事情を考慮しなければならないと考えているからである。

　この立場は、**事情判決法理の適用は「憲法上の諸利益の較量による一種の司法政策ともいうべきもの」**である、という考え方と同趣旨と解されるが、そう解すれば、58年判決団藤反対意見が述べているように、「選挙を無効とすることによって生じるであろう憲法上の不都合よりも、選挙権の平等の侵害という憲法上の不都合の方が上回るような事態が生じるにいたったときは、もはや選挙の違法を宣言するにとどめることなく、選挙無効の判決をしなければならなくなるのは、当然の理」ということになろう（**中村反対意見も同旨**）。**将来効的無効判決の可能性**を明らかにした**60年判決の補足意見**も、これと同じ立場を前提とした見解であることは明らかである。

　このような無効判決説をとった場合、選挙は無効とされても、公選法34条の再選挙の規定はそのまま適用されないと解することができるので（51年判決岡原等反対意見参照）、その期日の確定を含めて国会が定数是正のための公選法改正を行った段階で、再選挙が施行されることになろう。したがって純粋無効判決も、実質的には、将来効的無効判決とほぼ同じ効果をもつが、ただ、再選挙までの期限の指定がない

ため無効状態がかなり長期に及ぶ場合も考えられるし、その点はさておいても、当該選挙区からの議員を全く欠いたままで定数再配分の審議が行われるという、好ましからざる事態が不可避的に起こる。

その点で、**将来効的無効判決**は、無効の効果を一定期間経過後に発生させるという内容の判決であるから、その時点をどこに設定するかという問題はあるが、その間の国会において、違憲の定数配分規定で選出された議員全員の参加のもとで公選法改正作業を行うことができるというメリットがある。」（強調　引用者）

(1)　高橋・前出二注(1)25-27頁参照。以下の本文にあげる②の批判については、右論文にも引用されている野中・前出二注(5)51-52頁、雄川一郎「国会議員定数配分規定違憲訴訟における事情判決の法理」田上穣治先生喜寿記念『公法の基本問題』282頁（1984）参照。

と記述される。

6　**野中俊彦**法政大学名誉教授は、野中俊彦『憲法訴訟の原理と技術』（有斐閣、1995年）381〜383頁で、

「　では昭和60年中に予想される最高裁判決はどのような方法をとるであろうか。大方の予想どおり違憲判断が下されるとしても、判決方法としてはやはり「事情判決」をとることになると思われる。

（略）

しかしこの憲法上の要求を無視して解散・総選挙が行われるという不幸な事態に立ち至った場合、それに関する選挙無効訴訟について最高裁はどのような判決を下すのが適切であろうか。

昭和58年判決に付された反対意見（違憲・事情判決を下すべきだとする立場）のなかに、この点に関する二つの考え方が提示されている。その一つは横井意見の考え方であり、裁判所としては「事情判決」のくり返しで已むを得ない。裁判所としてはそれが限度であり、かつ「事情判決」のくり返しも決して無意義ではない、という考え方である[26]。そしてもう一つは、**団藤・中村意見**にみられるような、**究極的には選挙無効判決もありうる**という考え方である。

もはや十分な紙数がないので、この点に関する私見を簡単に述べて

おくにとどめたい。**私見では、「事情判決」を無視した総選挙につい
てはあえて選挙無効判決を下すべきだと思われる。**

　（略）

　そしてそれでもなおうまく行かない場合、最高裁はつぎの**選挙の差
止訴訟の認容と暫定案による選挙の執行を命ずる**ところまで踏み切る
ことができるのではなかろうか[27]。」（強調　引用者）

（26）　これに賛成するものとして、雄川・前掲注⑳299頁以下参照。ただし「もし、一
旦事情判決をして国会の適切な立法措置に期待したのにも拘わらず、国会がこれを怠っ
ている場合には裁判所自らが適当と認めるところに従って配分規定を是正することがで
きるというような憲法解釈が成立し得るのであれば、勿論問題は別になる」という留保
が付されている。
（27）　「事情判決」後の問題を論じる最近の文献として、文中引用したもののほかに、
田中英夫「定数配分不平等に対する司法的救済」ジュリスト830号（1985年）、芦部信喜
ほか「憲法裁判の客観性と創造性（研究会）」ジュリスト835号（1985年）、佐藤幸治
「議員定数不均衡問題に寄せて」法学教室55号、56号（1985年）などがあり、選挙無効
判決、差止訴訟、裁判所による暫定案等々の可能性と問題点が検討されている。

と記述される。

7　**佐藤幸治**京都大学教授は、『現代国家と司法権』（有斐閣，1988年）
294〜295頁で、

　「　このようにみてくると、政治部門が是正措置を講じないままに事
　態が推移した場合、裁判所としては、「より積極的な何らかの措置」
　をとらなければならない立場に立たされることになるのではないか、
　ということになる。それでは、そのような「措置」としてどのような
　ものが考えられうるか。思いつくままにいえば、①訴訟が提起された
　選挙区の選挙を無効とする方法、②選挙全体を無効とする方法、③選
　挙を差し止める方法、④裁判所自ら定数表を作成する方法、等が一応
　考えられえよう。」（強調　引用者）

と記述され、

　同296頁で、

　「　②の方法や④の方法にこのような複雑かつ困難な問題があるとす
　るならば、裁判所としては、公職選挙法204条の訴訟で、選挙は無効
　とはしないが、**定数配分規定は将来に向って全体として違憲無効であ**

ると宣言し、配分規定を改正しないままに選挙が行われようとした場合、**選挙差止めの請求があればそれに応えて③の方法を用いる**という覚悟を決め、その趣旨を何らかの形で明らかにするということもありうるかもしれない。その場合、国会として法改正のできない事情にあれば、結局、参議院の緊急集会において暫定的な法改正を行いそれにより総選挙を施行するということにならざるをえない。」（強調　引用者）

と記述される。

8　君塚正臣横浜国立大学大学院教授は、「事情判決の法理」横浜法学第25巻第2号（横浜法学会、2016年）30〜31頁で、

「　**事情判決を経ても是正がなされない場合は、裁判所は選挙無効判決に進むべきである**との学説[199]は、事情判決の正当化事由と効果を踏まえれば、首肯できるものである。この意味でも、合理的期間論と機能の近い事情判決の法理を用いる必要はなくなりつつある感が、強いのである。

おわりに

事情判決の法理は確かに、単に訴えを全面的に斥けることにせず、選挙権の違憲的侵害を宣言する意味を持っていた。裁判所が、具体的救済に無用の判断を行うことは「司法権」の作用として、一般的には疑問なものである。しかし、二重の基準論[200]にいう重要な人権である精神的自由、参政権、憲怯14条1項後段列挙事由の差別のような場合には、積極的に憲法判断を行うべきである[201]。具体的救済が不可能であれば宣言的判決が是認されるが、まずは、手続法に瑕疵があればこれを補充的に解釈して重要な人権の救済を行うなど、現行訴訟法制度に沿った形式でなされるべきことが要請される。それが、議員定数不均衡訴訟における事情判決の法理の活用だったと思われるのである。

だが、そもそも、ここで事情判決を用いねばならないとされてきた

「公の利益に生じる著しい障害」とは何か[202]。もし、それが回避できるのであれば、事情判決の法理のようなものを解釈の展開によって捻出する必要はなかったであろう。選挙訴訟、選挙区割りの不可分性、違憲判決の遡及回避などの三位一体性が崩れれば、法治主義や司法権の作用の点で疑念のある事情判決の法理の活用に頼る必要はなくなるであろう。ところが、**事情判決の法理は判決時点までの政治的決定を無効にすると混乱が多大に過ぎることを懸念したものであろうが、果たして選挙の一部もしくは全部を無効にしても問題がないとの判断があれば、原則に戻って違憲なものは無効であるから、この法理は無用の長物ということになろう。**」（強調　引用者）

151）藤田宙靖「『一票の較差訴訟』に関する覚え書き」法の支配171号86頁、90頁（2013）。

199）市川正人『基本講義憲法』242頁（新世社、2014）。

200）詳細は、君塚正臣「二重の基準論の根拠について」横浜国際経済法学16巻1号1頁（2007）、同「二重の基準論の意義と展開－『二重』は『三重』ではない」佐藤幸治古稀記念『国民主権と法の支配下巻』31頁（成文堂、2008）、同「二重の基準論の応用と展望」横浜国際経済法学17巻2号1頁（2008）、同「二重の基準論とは異質な憲法訴訟理論は成立するか－併せて私人間効力論を一部再論する」横浜国際経済法学18巻1号17頁（2009）、同「司法審査基準－二重の基準論の重要性」公法研究71号88頁（2009）など参照。

201）これに対して、佐々木雅寿「昭和51年衆議院議員定数不均衡違憲判決の背景」大阪市立大学法学雑誌62巻3＝4号1頁、41頁（2016）は、「実質的な憲法保障型の独立審査的で抽象的もしくは準抽象的な違憲審査権を行使することも、憲法上必ずしも禁止されていない」と論及するが、あくまでも、原則が崩れるのはこのような重要な人権故の特別則であると考えるべきである。

202）藤田前掲註151）論文88頁。

と記述される。

9　**阿部泰隆**神戸大学名誉教授は、「議員定数配分規定違憲判決における訴訟法上の論点」ジュリスト1976.7.15（No.617）60頁で、

「　右のねらいをもつ訴訟を選挙訴訟として認める以上、選挙訴訟制度もそのねらいにできるだけそうよう解釈さるべきである。すなわち、現定数に基づく当選者が当選を失わないのは当然であり、ただ、**公選法が改正されて、議員定数が増加された場合には、その増加分について補欠選挙をしなければならないという意味で、千葉一区の選挙は無**

効であると解される。もっとも、定数増加があれば、地盤がかわり、多数の強い候補者が出現することもあるから、現当選者が必ずしも当選したとはいえず、したがって、現議員の当選も無効とすべきだ、との見解もあろうが、選挙では選挙人の意思をできるだけ尊重することを指導原理とするものであるから、少ない定数でも当選した者が定数が増加すると落選する可能性があると想定するのはおかしい。

　このような意味において、本大法廷判決では、**岸裁判官の反対意見が最も妥当かつ常識的なものであって、筆者はこれに敬意を表する。**かかるすぐれた見解が大法廷で単独説にとどまったのは残念である。」

（強調　引用者）

と記述される。

10　**宍戸常寿**東京大学教授は、『一票の較差をめぐる「違憲審査のゲーム』』論究ジュリスト2012春48〜49頁で、

　「　しかし**事情判決**の手法は，国会の対応という<u>主観面の評価に関わる点で，合理的期間論と重なり合うものである。本来は，客観的に較差を違憲と判断した上で，国会の事前・事後の較差是正への取組や最高裁判決の影響等は事情判決の適否で考慮するのが，明快な整理であろう</u>[16]。他方，事情判決が無視される事態を想定して，選挙全体を無効とする混乱を避けながらも国会により厳しい対応を迫るための方法が，最高裁内部でも検討されてきた。(1)定数配分規定の違憲性を選挙区ごとに可分なものと捉えた上で，違憲の選挙区のみを無効とするもの（**昭和51年判決の岡原昌男ほか5裁判官の反対意見**。なお**岸盛一裁判官反対意見**も参照），(2)将来効判決，すなわち「**選挙を無効とするがその効果は一定期間経過後に始めて発生するという内容の判決**」（昭和60年判決の**寺田治郎ほか4裁判官の補足意見**），(3)違憲宣言訴訟としての性格を純化させ，「議員定数配分規定を違憲であるが無効としない」もの（**平成5年判決の園部意見**），(4)一部認容判決の形式で選挙を無効としないが「端的に**主文で違憲確認をする方法**」（**平成21年判決の那須反対意見**）等である。

（略）

　従来の最高裁は，投票価値の平等について，国会に深い礼譲を払っ
てきた。しかるに憲法機関の礼譲（Verfassungsorgantreue）は当然
「権力相互間の礼譲であるべき」にもかかわらず[19]，国会の振舞いが
最高裁のそれに十分見合うものでなかった。他方でこの「**違憲審査の
ゲーム**」の**最終判定者**は，**最後の「憲法の番人」である国民**にほかな
らない。**昭和51年判決を変更しないまま発展してきた判例**は，投票価
値の平等，裁量統制のあり方，**合理的期間論，事情判決**のいずれから
見ても，**あまりにも難解で複雑**なものとなっている。憲法が政治部門
に何を求めるのかを明らかにし，**真に必要な場合には決然と対処する
こと**は，独りわが最高裁だけでなく，およそ違憲審査に関わるすべて
の裁判所の責務であり，またそうした裁判所に対する世論の支持あっ
てこそ成熟した立憲主義国家といえる。「司法審査の**正統性**」が真剣
な理論的課題となるのは，こうした現実の背景があればこそであろう。
投票価値の平等は，わが**違憲審査制**にとって**これまでもこれからも，
最大の試金石**であり続けるだろう。」（強調　引用者）

　　16）　例えば平成23年判決の田原睦夫裁判官反対意見は，選挙権の不平等を**違憲**と判断
　　した上で，「従前の当審の判例が合憲の判断をなしてき〔た〕」こと等を考慮して，**事情
　　判決の法理**を用いている。
　　19）　佐藤幸治『現代国家と司法権』（有斐閣，1988年）294頁。なお宍戸・前掲注17）
　　254頁以下も参照。

と記述される。

　すなわち，同教授は，

　　「**昭和51年判決を変更しないまま発展してきた判例**は，投票価値の平
　　等，裁量統制のあり方，**合理的期間論，事情判決**のいずれから見ても，
　　あまりにも難解で複雑なものとなっている。憲法が政治部門に何を求
　　めるのかを明らかにし，**真に必要な場合には決然と対処すること**は，
　　独りわが最高裁だけでなく，およそ違憲審査に関わるすべての裁判所
　　の責務であり，」（強調　引用者）

と現時点の判例（すなわち，「合理的期間論」及び事情判決の法理を含む）を
批判される。

11　井上典之神戸大学教授は、「定数訴訟における投票価値の平等と最高裁の役割」論研ジュリスト Spring 2019 No.29　194〜195頁で、

> 「そして、「最高裁が『投票価値の平等』、『１票の較差』という表現で意味しているのは、議員１人当たりの人口または選挙人数が選挙区間で平等であること、すなわち、いわゆる『人口比例原則』のこと」[17]であるとすれば、定数訴訟で問題とされているのは、投票価値の平等という選挙人の権利侵害の有無ではなく、むしろ国会によって裁量権の行使の結果として採用された選挙制度・区割基準の憲法適合性・適法性ではなかったのかという見方も可能になってくる。そこでは、定数訴訟が、もはや権利救済のための手段ではなく、その本来の形式である客観訴訟として選挙制度・区割基準の適法性審査のための訴訟に戻っているといえることになる。
>
> 　そうだとすれば、定数訴訟も先祖がえりをして、むしろ事情判決の法理という公選法で否定されている判決手法に依拠するのではなく、**選挙無効判決の活用が検討**[18]される必要がある。本件大法廷判決の**山本裁判官**の反対意見は、まさに投票価値の平等を「唯一かつ絶対的基準」として、その侵害に対しては無効判決の可否を論じている。もちろん無効判決を下すことは、投票価値の平等という選挙人の権利の救済という側面もある。しかし、元来、無効判決と再選挙との組合せで制度化されている選挙無効訴訟が定数訴訟として用いられている以上、定数訴訟も元々の選挙制度の適法性審査のための手段に戻すことを、司法権と立法権の関係における「対話」の－形式として検討することが必要になってきているのではないだろうか。」（強調　引用者）

　　⒄赤坂・前掲注６）９頁参照。
　　⒅違憲状態とされた2011年判決での区割りに変化を加えることなく行われた2012（平成24）年総選挙に関する高裁判決では選挙無効判決を下す裁判所も存在したし、そもそも2011年判決に関連して無効判決の可否を論ずるものもある。それについては、長谷部恭男「投票価値の較差を理由とする選挙無効判決の帰結」法教380号（2012年）38頁以下参照。

と記述される。

12　**今関源成**早稲田大学教授は、「参院定数不均衡最高裁判決──最高裁 2004 年 1 月 14 日大法廷判決をめぐって」ジュリスト No. 1272（2004.7.15）96〜97頁で、

> 「　最高裁の76年判決の論理を一般化すれば，民主過程の基礎をなす基本的な権利が侵害されている場合には，裁判所は，現行法の枠にとどまることなく憲法的視点から法創造を行ってでも民主制を正常に機能させる前提の回復を図るべきであるということであろう。その論理からすれば，いまなお投票価値の不平等の是正が立法府の自律によっては実現されず，他にこれを実現する方途が存在しないのであれば，投票価値の平等の実現に今一歩踏み込んだ実体的判断を下し，**事情判決の法理を乗り越える方策**を工夫することは，裁判所の当然の職責であるということになるであろう。その意味で，**反対意見**（平成16〈2004〉年大法廷判決（参）6判事の反対意見〈福田博、梶谷玄、深澤武久、濱田邦夫、滝井繁男、泉徳治〉引用者　注）こそ76年判決の嫡流といえるものである。
>
> 　国会の自浄作用に期待していれば，ますます政治システムは民主主義の論理から逸脱していき，同時に最高裁の権威も失墜してしまう。制度戦略としてみた場合にも，最高裁は，権力の視線のみ意識した制度防衛戦略が自己の国政上の地位を低下させるだけだという現実を直視し，裁判所に人権・権利侵害の救済を求める国民の声を梃子にして，「法原理機関」，**違憲審査機関**という自己のアイデンティティーを再確認し，本来の権力チェック機関として積極的にその存在意義を打ち出す戦略に転じるべきであると思われる。そのためには違憲審査と民主主義が対立するという権力分立の消極的な理解を捨て，**違憲審査の然るべき積極性こそが民主制を支えるという気概を持って，違憲審査が機能せず政治システムが民主性を喪失している状況を変えるべきである。**」（強調　引用者）

と記述される。

13　**赤坂正浩**立教大学教授は、『平成25年度重要判例解説』ジュリスト

No.1466 10頁で、

「 4 本判決の位置づけ

　近年の最高裁判決は，1976年判決の枠組みは維持しながら，２倍以上の較差の是正に向けて国会の立法裁量権を制約する態度を強めてきた。**１票の較差が民主主義の歪みを招く不公正**であることを考えると，この傾向は心強い。しかし，最高裁判決と，自分の当選や票田となる特定有権者の利害に重大な関心を寄せる政治家の間では，いまだに相当大きな意識のギャップが存在するように思われる。政治家の意識改革の観点からも，また2011年判決の延長線として見た場合にも，本判決（平成25年大法廷判決（衆）引用者　注）が後退の印象を与えることは否めない（高見勝利「『政治のヤブ』からの退却」世界2014年２月号128頁以下）。**学界では選挙無効判決支持論も有力**だが（たとえば**長谷部恭男**「投票価値の較差を理由とする選挙無効判決の帰結」法教380号38頁以下），**本件は少なくとも違憲宣言判決（事情判決）があって然るべきケースだったのではないだろうか。**」（強調　引用者）

と記述される。

14　**高作正博**関西大学教授は、「公職選挙法14条、別表第３・参議院（選挙区選出）議員の議員定数配分規定の合憲性」判時2265号（判例評論680号６）136頁で、

「本判決（平成26年大法廷判決（参）引用者　注）は、**選挙制度の仕組み自体の見直しを強く求める判断を示した（【判旨】④）**。千葉勝美裁判官の補足意見が指摘するように、これは、「単なる注意喚起ではなく」、国会に対して「憲法上の責務を合理的期間内に果たすべきことを求めたもの」であり、違憲状態の指摘から合理的期間内での是正義務へと踏み込んだものといえる。これは、次回の選挙の際に格差是正が為されない場合に、**さらに一歩踏み込む予示**として理解されうる。また、**違憲とした後の選挙の有効性については、事情判決の法理の再検討が不可欠となる。**」（強調　引用者）

と記述される。

15　**市川正人**立命館大学教授は、『基本講義　憲法』（新世社、2014年）242頁で、

「　しかし，昭和51年判決は，選挙無効判決を下すことには問題があるとする（たとえば，①選挙無効の判決によって得られる結果は，当該選挙区の選出議員がいなくなるというだけであって，真に憲法に適合する選挙が実現するためには，公職選挙法自体の改正にまたなければならないことに変わりはない、②公職選挙法の議員定数配分規定の改正を含むその後の衆議院の活動が，選挙を無効とされた選挙区からの選出議員を得ることができないままの異常な状態の下で，行われざるをえないことになる）。その上で，行政事件訴訟法31条１項が定めるいわゆる事情判決の手法を「一般的な法の基本原則」に基づくものであるとし，選挙無効の判決による不当な結果を回避するためとして，事情判決の手法を用い，選挙の効力を認めつつ，主文で当該選挙の違法を宣した。

この事情判決は，選挙の効力を認めつつ，違憲を宣言することにより，国会が事情判決を受け自主的に議員定数不均衡の是正に着手することを期待するものである。それは，無効判決によって生ずる不都合・混乱を避けながら，訴訟の真の目的（議員定数不均衡の是正）を達成しうる賢明な方法と言えよう。しかし，事情判決がなされても，国会がその期待に応えて是正を行うという保証はない。事情判決後も不均衡は是正されず，次の選挙が行われ，その選挙につき選挙訴訟が提起された場合には，裁判所は**選挙無効判決を下すべきであろう。**」

（強調　引用者）

と記述される。

16　**吉川和宏**東海大学教授は、吉川和弘「平成22年７月に施行された参議院選挙区選出議員選挙の選挙区間の１対5.00の投票価値の不平等が、違憲の問題が生じる程度に達しているとされた事例」判例時報2187号（判例評論654号）152頁で、

「　三　最後に、本判決（平成24年大法廷判決（参）引用者　注）に対する

評価であるが、違憲状態の合憲基準の厳格化を推進したという点において本判決を支持したい。違憲警告にとどまったという点については、これまでの最高裁の態度から考えてもやむを得ないと評価せざるを得ないであろう。本判決は現行の選挙区制度に警告を発した平成二一年判決よりもさらに一歩踏み込んで、「**都道府県を単位として各選挙区の定数を設定する現行の方式をしかるべき形で改める**」【判旨】⑥ことにまで言及している。これは最近の最高裁の積極的な姿勢を表していると言えるが、同時に**最高裁の悲鳴にも似た叫びのようにも聞こえる。**

　（略）

　問題はいつまでも根本的な是正が行われない場合である。最高裁としてはこの判決で国会の対応を求めた以上、本判決の結論を何度も繰り返すことはできないであろう。本判決の**田原、須藤両裁判官**の反対意見は次回参議院選挙に対しては**選挙無効の判決を下すべき**であると言明しているし、**大橋裁判官**の反対意見も**選挙無効判決に対する対応の準備**を求めている。当面は最高裁としては衆院昭和51年判決と同じ事情判決を使うことになるのであろうが、参議院の場合は不可分論に基づいて選挙区選挙をすべて無効にしても242議席中73議席が選挙無効となるにとどまり、衆議院のような全議員不存在の事態を想定する必要はない。変則的ではあるが残りの議員による参議院審議も可能なので、**参議院選挙区選挙でこそ選挙無効の判決が出しやすいともいえる。**同旨の平成一六年判決（最大判平16・1・14民集58・1・56）**深沢裁判官**の意見が検討されてもよいと考える。」（強調　引用者）

と記述される。

17　**山岸敬子**明治大学教授は、「選挙無効訴訟・事情判決・間接強制」明治大学法科大学院論集19号66、68頁で、

　「　選挙無効訴訟での事情判決に代替措置として**代償金命令**が付随すれば，**事情判決の繰り返しも無意味ではない。代償金は重くなる。**また，違憲状態判決をして，定数配分規定の是正を国会に期待したのに

も拘わらず，国会が漫然と放置し新たな選挙が実施されるならば，次
は選挙無効と脅すより，事情判決・代償金の予告の方が遥かに現実味
があり威嚇として効果的なのではないだろうか[40]。間接的強制力とし
て代償金は実効的である。

　（略）

　以上，公選法204条に拠る議員定数配分規定の違憲を理由とする選
挙無効訴訟では，事情判決において，理由ある請求を棄却される原告
側への代替措置が欠けていること，議員定数配分規定改正の実効性に
かかって裁判の遵守という公益性が著しく傷つけられていることを指
摘し，その問題解決のために，間接強制し，**事情判決に付して国会に
一定額の金銭の支払いを命ずることを提案した。**」（強調　引用者）

　(40)　「困ったことは，国会が裁判所の違憲判決があっても，どうせ議員の身分には影
　　響がないからと，違憲の法律を放置して平気になっていることである。最高裁は，その
　　後昭和60年の違憲判決において，国会が違憲の法律を直さなければ，次の機会に当選を
　　無効にするかもしれないと脅してみたが，いっこうに効き目がない」（岡原・前掲注
　　(25)85頁）。

と記述される。

　18　南野森九州大学教授は、「一票の格差」法学教室 No.427　2016年4
月号12〜13頁で、

　「　**国会は**，最高裁がこれまでのようにせいぜい違憲状態判決しか出
さないだろう，あるいは違憲判決を出しても過去の2例のように事情
判決の法理を用いて**選挙無効には踏み込まないだろうと高をくくって
いるのかもしれない。**そして最高裁は，国会や内閣と全面的に対決す
ることは，たとえば裁判所に関する立法や予算の改変，あるいはひょ
っとすると最高裁判事の指名や任命（憲6条2項・79条1項）といっ
た，憲法上政治部門に与えられている権力の「濫用」を引き起こすこ
とになると懼れているのかもしれない。

　このような統治機構同士のいわば駆け引きにおいては，肝心の国民
は蚊帳の外に置かれているかにも見える。たしかに，「一票の較差に
よる被害を実感することは難しい」[28]し，「一票の較差に本気で憤って

いる一般の有権者に一人も会ったことが〔ない〕」[29] と言われても驚か
ない読者は多いだろう。しかし，「ひとりひとりの国民を『完全に同
等視』して平等な存在として扱うべきだという，理念的な意味がある
ので，その観点からして一人一票の原則が重要で基本的な憲法原則で
あることは譲れない」[30] ことを忘れてはならないだろう。そのうえで，
投票価値の平等という憲法原則をはたして誰が護持しようとしている
のか，誰がそこからのらりくらりと逃げようとしているのかを，見極
める必要がある。「憲法が政治部門に何を求めるのかを明らかにし，
真に必要な場合には決然と対処すること」は違憲審査権限を有する裁
判所の責務であって，「またそうした裁判所に対する世論の支持あっ
てこそ成熟した立憲主義国家といえる」[31] のである。」（強調　引用者）

28) 徳永＝砂原・前掲注21) 61頁。
29) 長谷部ほか．前掲注11) 20頁［柿﨑明二発言］。
30) 長谷部ほか・前掲注11) における長谷部発言（20頁）。なお，「完全に同等視」の表現は，1976年判決の用いたものである。
31) 宍戸・前掲注9）49頁。

と記述される。

19　**松本哲治**同志社大学教授は，「投票価値の平等と事前の救済」阪本
昌成先生古稀記念論文集『自由の法理』（成文堂、2015年）417頁で，
　「　一票の価値を巡って、今後、最高裁判所と国会の対話・対立がど
う展開するのかは予断を許さない。とくに、抜本的な改正をしないかぎ
り、問題が解消しない参議院については、問題状況の先鋭化が懸念さ
れる。すでに下級審は急進的な解決案に踏み込む例も出てきた[34]。
国会の側で抜本的な改正を実現できない場合、同一の内容の法律に対
して**事情判決を繰り返すことを容認することは極めて難しいと考えざ
るを得ない**ことからすると[35]、事前の救済への途を開かなくても、**最
高裁は、あるいは、今一歩踏み込んだ救済方法の考案を必要とするこ
とに、いずれならざるを得ないのかもしれない。**」（強調　引用者）

(34)平成24年衆議院総選挙に係る広島高判平成25年3月25日判時2185号36頁は、当該選挙を無効とした上、その効果は平成25年11月26日の経過をもって発生するとし（評釈として曽我部真裕・判例セレクト2013Ⅰ 法学教室別冊附録401号（2014年）8頁）、同じ

選挙に係る広島高裁岡山支判平成25年3月26日LEX/DB25500398は、当該選挙を無効とし（評釈として、斎藤一久・法セミ703号（2013年）142頁、片桐直人・新・判例解説Watch 14号（2014年）19頁）、平成25年参議院選挙に係る広島高裁岡山支判平成25年11月28日裁判所ウェブサイトも当該選挙を無効としている（本判決［3月26日付け判決と同一の裁判長である］の評釈として、三宅裕一郎・法セミ710号（2014年）106頁、山田哲史・新・判例解説Watch 15号（2014年）11頁）。

(35)佐藤・前出注(4)669頁が、昭和51年最大判の手法を「一種の将来効判決」とするのは、このように考えるべきだという趣旨である。同『現代国家と司法権』（1988年、有斐閣）343-344頁参照。同書の296頁では選挙差止めの可能性にも言及されている。

と記述される。

　　以下は、余談である。

　千葉勝美元最高裁判事は、「司法部の投げた球の重み－最大判平成29年9月27日のメッセージは？」法律時報89巻13号6頁で、

　「4　司法部の投げた球は軽かったのか？

　　（1）　しかしながら、判決文を丁寧に検討すると、別なメッセージを読み解くことができよう。

　　選挙時の最大較差は前回の4.77倍から3.08倍と大幅に縮小している。しかし、いまだ3倍を超えた較差があり、これで是正として十分であると言い切るには躊躇せざるを得ない。確かに、長い間5倍前後で推移してきた較差を、対象地域の不満等を乗り越えて合区という処理をして大幅に縮小させたもので、その努力は多とすべきであるが、他方、これで違憲状態が解消されたと評価することは、改革の歩みを止めることになり、また、近年、投票価値の平等について国民の間の意識が高まってきている状況の下では適当とは言い難いところであろう。

　　（2）　そこで、本判決は、平成27年改正時点では較差が3倍を下回り2.97倍まで縮小させた改正措置は評価できるとし、それに加えて、このまま放置すれば再び3倍を超える大きな較差が生じかねない状況にあって（既に3.08倍になっている。）、国会が、次の選挙までに更なる較差是正を行うという決意を示しており、これは、思い切って合区を採用して較差を縮小させた国会の姿勢がこれか

らも続けられ成果を得るはずだとみたのであろう。

　すなわち、本判決は、3.08倍まで較差が縮小され、それだけでは十分とはいえないとしても（**十分であれば、即合憲判断がされたはずである。**）、それに加え、**更なる較差是正が確実に行われようとしていること**を併せて評価して、今回は違憲状態とはいえないという判断をしたことになる。なお、これは、立法裁量の逸脱濫用の有無についての判断であり、その際に考慮すべき事情（要素）が従前とは異なる点はあるが、判断の枠組み自体を変えたものではなく、判例変更ではない。

⑶　そうすると、**仮に、次回選挙までに較差是正の実現という将来的な立法対応がされるという本判決の前提が崩れ、較差拡大が放置されたまま選挙を迎える事態になった場合には**、国会は較差是正のために自ら定めた期間での必要な努力を怠ったということになって、最高裁としては、もはや、従前のように「合理的期間を徒過した」か否かを改めて検討する余地はなく、**直ちに「違憲」と判断することが可能になったものともいえよう。**

⑷　以上によれば、今回の大法廷判決が国会に発したメッセージは、いまだ較差の是正が十分とはいえないので、更なる較差是正の努力を確実に続けて結果を出すように、というものであり、その意味で、司法部が立法府に投げた球は、**ずしりと重いものとして受け止めるべきではなかろうか。**」〈強調　引用者〉

と記述される。

　上記記述は、選挙違憲無効判決の可否について議論していないが、千葉勝美元最高裁判事は、「較差是正拡大が放置されたまま選挙を迎える事態になった場合には、」「最高裁としては、**直ちに「違憲」と判断することが可能になったともいえよう。**」と記述されている。千葉勝美元最高裁判事のこの記述は、平成29年大法廷判決（参）が立法府に送ったメッセージについて論じるものであって、注目される。

Ⅲ　21個の最高裁大法廷判決の各反対意見、意見、補足意見：(本書
90～139頁)

　1　昭和39年（1964）年～平成30（2018）年の55年間に言渡された21個
の最高裁大法廷判決の、**一覧表Ⅰ（衆）**および**一覧表Ⅱ（参）**を下記（本
書91～100頁）に示す。

　同**一覧表Ⅰ（衆）**(本書91～95頁)～**同Ⅱ（参）**(本書96～100頁)の中の各反
対意見、意見、補足意見の一部は、

　『選挙が憲法の平等の要求に反する場合は、違憲無効判決、将来効的無
効判決、違憲宣言判決、事情判決または違憲宣言判決のいずれかを下すべ
きである』旨記述し、または『爾後の選挙において較差是正がなされてい
ない場合は、それらのうちのいずれかの判決があり得る』旨の警告を記述
する。

	選挙年	判決日	最大較差 単位：倍	判断	大法廷	摘要（衆）
①	H29 (2017)	H30.12.19	1.98	留保付き合憲	大法廷	［裁判官］：大谷直人　岡部喜代子　鬼丸かおる　山本庸幸　山﨑敏充　池上政幸　小池裕　木澤克之　菅野博之　山口厚　戸倉三郎　林景一　宮崎裕子　深山卓也　三浦守 【意見】**林景一（違憲／人口比例選挙）** 【意見】**宮崎裕子（違憲状態／人口比例選挙）** 【反対意見】**鬼丸かおる**[10]**（違法宣言／人口比例選挙）** 【反対意見】**山本庸幸**[11]**（平均値を1として、1票の価値が0.8以下の選挙区の選挙は、無効／人口比例選挙）**
②	H26 (2014)	H27.11.25	2.219	違憲状態	大法廷	同：寺田逸郎　櫻井龍子　千葉勝美　岡部喜代子　大谷剛彦　大橋正春　山浦善樹　小貫芳信　鬼丸かおる　木内道祥　山﨑敏充　池上政幸　大谷直人　小池裕 【補足意見】千葉勝美 【意見】櫻井龍子、池上政幸 【反対意見】**大橋正春**[12]**（判決6か月後無効）** 【反対意見】**鬼丸かおる**[13]**（違法宣言・人口比例選挙）** 【反対意見】**木内道祥**[14]**（較差が2倍を超える選挙区の選挙は無効。その余は、違法宣言）**
③	H24 (2012)	H25.11.20	2.425	違憲状態	大法廷	同：竹﨑博允　櫻井龍子　金築誠志　千葉勝美　横田尤孝　白木勇　岡部喜代子　大谷剛彦　寺田逸郎　大橋正春　山浦善樹　小貫芳信　鬼丸かおる　木内道祥 【意見】**鬼丸かおる**[18]**（違憲状態／人口比例選挙）** 【反対意見】**大谷剛彦**[15]**（違法宣言）** 【反対意見】**大橋正春**[16]**（違法宣言）**

	選挙年	判決日	最大較差 単位：倍	判断	大法廷	摘要（衆）
						【反対意見】木内道祥[17]（**違法宣言／警告**）
④	H21 (2009)	H23.3.23	2.304	違憲状態	大法廷	同：竹﨑博允　古田佑紀　那須弘平　田原睦夫　宮川光治　櫻井龍子　竹内行夫　金築誠志　須藤正彦　千葉勝美　横田尤孝　白木勇　岡部喜代子　大谷剛彦　寺田逸郎 【補足意見】竹内行夫 【補足意見】須藤正彦[21]（**違憲違法／人口比例選挙**） 【意見】古田佑紀 【反対意見】田原睦夫[20]（**違法宣言**） 【反対意見】宮川光治[19]（**違法宣言／人口比例選挙／警告**）
⑤	H17 (2005)	H19.6.13	2.171	合憲	大法廷	同：島田仁郎　横尾和子　上田豊三　藤田宙靖　甲斐中辰夫　泉徳治　才口千晴　津野修　今井功　中川了滋　堀籠幸男　古田佑紀　那須弘平　涌井紀夫　田原睦夫 【補足意見】才口千晴 【補足意見】津野修 【補足意見】古田佑紀 【補足意見】那須弘平 【意見】藤田宙靖 【意見】今井功　中川了滋 【反対意見】横尾和子[23]（**違法宣言**） 【反対意見】泉徳治[22]（**違法宣言／人口比例選挙**） 【反対意見】田原睦夫（**違法宣言**） 【**4判事の見解**】藤田宙靖　今井功　中川了滋　田原睦夫（**1人別枠は憲法の趣旨に沿うものではない**）
⑥	H8 (1996)	H11.11.10	2.31	合憲	大法廷	同：山口繁　小野幹雄　千種秀夫　河合伸一　遠藤光男　井嶋一友　福田博　藤井正雄　元原利文　金谷利廣　北川弘治　亀山継夫　奥田昌道　梶谷玄 【**4判事**[25]　反対意見（**違法宣言**）】河

	選挙年	判決日	最大較差 単位：倍	判断	大法廷	摘要（衆）
						合伸一　遠藤光男　元原利文　梶谷玄 【反対意見】福田博[24]（違法宣言／人口比例選挙）
⑦	H 2 (1990)	H5.1.20	3.18	違憲状態	大法廷	同：草場良八　藤島昭　坂上壽夫　貞家克己　大堀誠一　園部逸夫　橋元四郎平　中島敏次郎　佐藤庄市郎　可部恒雄　木崎良平　味村治　大西勝也　小野幹雄　三好達 【意見】園部逸夫（**違憲**と判断するが、無効にしない） 【意見】味村治 【反対意見】橋元四郎平[29]（**違法宣言**） 【反対意見】中島敏次郎[30]（**違法宣言／3倍説**） 【反対意見】佐藤庄市郎[27]（**違法宣言／2倍説**） 【反対意見】木崎良平[26]（**違憲・2倍以上は期限付き無効**） 【反対意見】小野幹雄[28]（**違法宣言／3倍説**）
⑧	S58 (1983)	S60.7.17	4.4	違憲違法	大法廷	同：寺田治郎　木下忠良　伊藤正己　谷口正孝　大橋進　木戸口久治　牧圭次　和田誠一　安岡満彦　角田禮次郎　矢口洪一　島谷六郎　長島敦　高島益郎 【**4判事**[31]　**補足意見**】寺田治郎〈最高裁長官〉　木下忠良　伊藤正己　矢口洪一（是正なき場合は、**無効判決又は一定期間経過後選挙無効の効果を生ずるとの判決をすべきである**、と付言） 【補足意見】木戸口久治[32]（次回選挙が較差の是正がないまま行われた場合は、**無効判決又は将来効的無効判決となる**、と警告） 【反対意見】谷口正孝[33]（**本件選挙区選挙は無効**）

	選挙年	判決日	最大較差 単位：倍	判断	大法廷	摘要（衆）
⑨	S55 (1980)	S58.11.7	3.94	違憲状態	大法廷	同：寺田治郎　団藤重光　藤崎万里　中村治朗　横井大三　木下忠良　塩野宜慶　伊藤正己　宮崎梧一　谷口正孝　大橋進　木戸口久治　牧圭次　和田誠一　安岡満彦 【補足意見】宮崎梧一 【反対意見】団藤重光[34]（違法宣言。将来、**利益の比較衡量により無効判決**もありうると付言） 【反対意見】中村治朗[35]（選挙を違法とした原判決は正しい。比較衡量により、**無効もあり得る**，と付言） 【反対意見】横井大三[36]（**事情判決**） 【反対意見】谷口正孝[37]（**違法宣言**） 【反対意見】木戸口久治[38]（**違法宣言**） 【反対意見】安岡満彦[39]（**違法宣言**） 【反対意見】藤崎万里（却下）
⑩	S47 (1972)	S51.4.14	4.99	違憲違法	大法廷	同：村上朝一　関根小郷　藤林益三　岡原昌男　下田武三　岸盛一　天野武一　坂本吉勝　岸上康夫　江里口清雄　大塚喜一郎　高辻正己　吉田豊　団藤重光　本林譲 【5判事[40]　反対意見（**千葉1区の選挙は無効**）】岡原昌男　下田武造　江里口清雄　大塚喜一郎　吉田豊 【反対意見】岸盛一[41]〈**千葉1区の選挙は無効**だが、当選議員は議員資格を失わない〉 【反対意見】天野武一（却下）

（単位 倍）

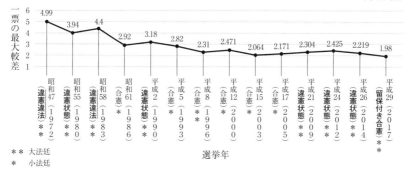

一票の最大較差

6
5　4.99
4　　　3.94　　4.4
3　　　　　　　　2.92　　3.18　　2.82
2　　　　　　　　　　　　　　　　　　2.31　2.471　2.064　2.171　2.304　2.425　2.219　1.98
1

昭和47（違憲違法）＊＊（1972）
昭和55（違憲状態）＊＊（1980）
昭和58（違憲違法）＊＊（1983）
昭和61（合憲）＊（1986）
平成2（違憲状態）＊＊（1990）
平成5（合憲）＊（1993）
平成8（合憲）＊＊（1996）
平成12（合憲）＊（2000）
平成15（合憲）＊（2003）
平成17（合憲）＊（2005）
平成21（違憲状態）＊＊（2009）
平成24（違憲状態）＊＊（2012）
平成26（違憲状態）＊＊（2014）
平成29（留保付き合憲）＊＊（2017）

選挙年

＊＊　大法廷
＊　　小法廷

一覧表II（参）

	選挙年	判決日	最大較差 単位：倍	判断	大法廷	摘要（参）
①	H28 (2016)	**H29.9.27**	3.08	留保付き合憲	大法廷	［裁判官］：寺田逸郎　岡部喜代子　小貫芳信　鬼丸かおる　木内道祥　山本庸幸　山﨑敏充　池上政幸　大谷直人　小池裕　木澤克之　菅野博之　山口厚　戸倉三郎　林景一 【意見】木内道祥（**違憲状態**） 【意見】林景一（**違憲状態／人口比例選挙**） 【反対意見】鬼丸かおる[42]（**違法宣言／人口比例選挙**） 【反対意見】山本庸幸[43]（**平均値を1として、2割程度以上の格差は無効／人口比例選挙**）
②	H25 (2013)	H26.11.26	4.77	違憲状態	大法廷	同：寺田逸郎　櫻井龍子　金築誠志　千葉勝美　白木勇　岡部喜代子　大谷剛彦　大橋正春　山浦善樹　小貫芳信　鬼丸かおる　木内道祥　山本庸幸　山﨑敏充　池上政幸 【5判事[44]の補足意見】櫻井龍子　金築誠志　岡部喜代子　山浦善樹　山﨑敏充（違憲状態の選挙で選出された議員は、国会活動をする**正統性を欠く**） 【反対意見】大橋正春[48]（**違法宣言**） 【反対意見】鬼丸かおる[45]（**違法宣言／人口比例選挙**） 【反対意見】木内道祥[47]（**違法宣言／2倍説**） 【反対意見】山本庸幸[45]（**人口比例選挙・平均値を1として、価値0.8以下は無効**）
③	H22 (2010)	H24.10.17	5	違憲状態	大法廷	同：竹﨑博允　田原睦夫　櫻井龍子　竹内行夫　金築誠志　須藤正彦　千葉勝美　横田尤孝　白木勇　岡部喜代子　大谷剛彦　寺田逸郎　大橋正春　山浦善樹　小貫芳信 【補足意見】櫻井龍子

	選挙年	判決日	最大較差 単位：倍	判断	大法廷	摘要（参）
						【補足意見】金築誠志 【補足意見】千葉勝美 【意見】竹内行夫 【反対意見】田原睦夫[49]（事情判決／次回迄に是正なき場合は、**無効判決もあり得ると警告**） 【反対意見】須藤正彦[49]（**違法宣言／次回迄に是正なき場合は、無効判決もあり得ると警告／2倍説**） 【反対意見】大橋正春[50]（**違法宣言／2倍説／同警告**）
④	H19 (2007)	H21.9.30	4.86	合憲	大法廷	同：竹﨑博允　藤田宙靖　甲斐中辰夫　今井功　中川了滋　堀籠幸男　古田佑紀　那須弘平　涌井紀夫　田原睦夫　近藤崇晴　宮川光治　櫻井龍子　竹内行夫　金築誠志 【補足意見】藤田宙靖 【補足意見】竹内行夫　古田佑紀 【補足意見】金築誠志 【反対意見】中川了滋[53]（**違法宣言**） 【反対意見】那須弘平[54]（**主文で違憲確認／2倍説**） 【反対意見】田原睦夫[55]（**違法宣言／較差が2倍を超える場合、合理的理由が必要**） 【反対意見】近藤崇晴[56]（**違法宣言／同警告**） 【反対意見】宮川光治[52]（**違法宣言／人口比例選挙／同警告**）
⑤	H16 (2004)	H18.10.4	5.13	合憲	大法廷	同：町田顯　横尾和子　上田豊三　滝井繁男　藤田宙靖　甲斐中辰夫　泉徳治　島田仁郎　才口千晴　津野修　今井功　中川了滋　堀籠幸男　古田佑紀　那須弘平 【補足意見】藤田宙靖 【補足意見】甲斐中辰夫 【補足意見】津野修

	選挙年	判決日	最大較差 単位：倍	判断	大法廷	摘要（参）
						【補足意見】今井功 【補足意見】那須弘平 【反対意見】横尾和子（**違法宣言／3倍説**） 【反対意見】滝井繁男[57]（**違法宣言／2倍説**） 【反対意見】泉徳治[58]（**違法宣言／2倍未満説**） 【反対意見】才口千春[59]（**違法宣言／2倍説**） 【反対意見】中川了滋（**違法宣言**）
⑥	H13 (2001)	**H16.1.14**	5.06	合憲	大法廷	同：町田顯　福田博　金谷利廣　北川弘治　亀山継夫　梶谷玄　深澤武久　濱田邦夫　横尾和子　上田豊三　滝井繁男　藤田宙靖　甲斐中辰夫　泉徳治　島田仁郎 【補足意見1】町田顯　金谷利廣　北川弘治　上田豊三　島田仁郎 【補足意見1の追加補足意見】島田仁郎 【補足意見2】亀山継夫　横尾和子　藤田宙靖　甲斐中辰夫 【補足意見2の追加補足意見】亀山継夫 【補足意見2の追加補足意見】横尾和子 【6判事[59]　反対意見】福田博　梶谷玄　深澤武久　濱田邦夫　滝井繁男　泉徳治（**違法宣言**） 【追加反対意見】**福田博**[61]（**人口比例選挙**）（**違法宣言／是正なき場合は、選挙無効判決を下すべしとの警告付**） 【追加反対意見】**梶谷玄**[62]（**1人1票原則／2倍を超える場合は違憲／是正なき場合は、選挙無効**） 【追加反対意見】**深澤武久**[63]（**1人1票原則／2倍を超える場合は違憲／是**

98

	選挙年	判決日	最大較差 単位：倍	判断	大法廷	摘要（参）
						正なき場合は、**将来効的無効判決**も検討すべきである） 【追加反対意見】濱田邦夫（**違法宣言**） 【追加反対意見】滝井繁男[64]（**違法宣言**） 【追加反対意見】**泉徳治**[65]（**違法宣言／1人1票原則／2倍を超える場合は、違憲**）
⑦	H10 (1998)	H12.9.6	4.98	合憲	大法廷	同：山口繁　千種秀夫　河合伸一　遠藤光男　井嶋一友　福田博　藤井正雄　元原利文　大出峻郎　金谷利廣　北川弘治　亀山継夫　奥田昌道　梶谷玄　町田顯 【5判事[66]　反対意見】河合伸一　遠藤光男　福田博　元原利文　梶谷玄（**違法宣言**） 【追加反対意見／特別な意見ナシ】遠藤光男 【追加反対意見／特別な意見ナシ】福田博 【追加反対意見】梶谷玄[66]（2倍説）
⑧	H7 (1995)	H10.9.2	4.97	合憲	大法廷	同：山口繁　園部逸夫　大西勝也　小野幹雄　千種秀夫　根岸重治　尾崎行信　河合伸一　遠藤光男　井嶋一友　福田博　藤井正雄　元原利文　大出峻郎　金谷利廣 【意見】園部逸夫 【5判事[68]　反対意見（**違法宣言**）】尾崎行信　河合伸一　遠藤光男　福田博　元原利文 【2判事[69]　追加反対意見】**尾崎行信、福田博（人口比例選挙）**【追加反対意見】遠藤光男
⑨	H4 (1992)	H8.9.11	6.59	**違憲状態**	大法廷	同：三好達　園部逸夫　可部恒雄　大西勝也　小野幹雄　大野正男　千種秀夫　根岸重治　高橋久子　尾崎行信　河合伸一　遠藤光男　井嶋一友　福田博　藤井正雄

	選挙年	判決日	最大較差 単位：倍	判断	大法廷	摘要（参）
						【意見】園部逸夫（**違憲状態**） 【**6判事**[70] 反対意見】大野正男　高橋久子　尾崎行信　河合伸一　遠藤光男　福田博（**違法宣言**） 【追加反対意見】尾崎行信 【追加反対意見】遠藤光男 【追加反対意見】**福田博**[71]（**衆参とも、投票権の平等**が基本原則）
⑩	S52 (1977)	**S58.4.27**	5.26	合憲	大法廷	同：寺田治郎　団藤重光　藤崎萬里　中村治朗　横井大三　木下忠良　塩野宜慶　伊藤正己　宮崎梧一　谷口正孝　大橋進　木戸口久治　牧圭次　和田誠一 【補足意見】伊藤正己　宮崎梧一 【補足意見】大橋進 【意見】横井大三 【意見】谷口正孝[73]（**違憲状態**） 【反対意見】団藤重光[72]（**違法宣言**） 【反対意見】藤崎萬里（棄却）
⑪	S37 (1962)	**S39.2.5**	4.09	合憲	大法廷	同：横田喜三郎　入江俊郎　下飯坂潤夫　奥野健一　石坂修一　山田作之助　五鬼上堅磐　横田正俊　斎藤朔郎　草鹿浅之介　長部謹吾　城戸芳彦　石田和外 【意見】斎藤朔郎

（単位　倍）

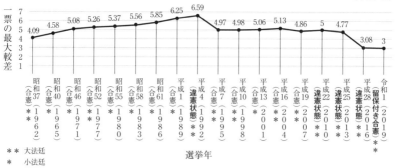

＊＊　大法廷
＊　　小法廷

選挙年

① 【平成30（2018）.12.19大法廷判決（衆）】

10) **鬼丸かおる判事　反対意見**（ただし、**違法宣言／人口比例選挙**）　平成30年大法廷判決（衆）民集72巻6号1291、1294〜1295頁：

「　しかし，憲法の保障する1対1に近い投票価値の平等は重要かつ基本的な基準であるから，議員の定数配分及び選挙区の区割りを定めるに当たっては，それ以外の要素は上記基準に反しない程度の合理性を有するものに限り考慮することができるのであって，憲法の保障する1対1に近い投票価値の平等を超えて約2倍の較差を認めることになるような考慮要素等が国会に認められる裁量であると解することは困難であると考える。」

「　6　以上のとおりであるから，本件選挙当時において，本件区割規定ないし本件選挙区割りは，全体として違法であったというべきである。しかし，本件選挙を無効と認めるべきか否かについては検討を要するところである。

　　本件選挙は，投票価値の不平等を理由とする衆議院議員選挙の無効訴訟が提起されるようになって以来，最大較差が初めて2倍未満となった選挙である。これは，**国会が十分とはいえないまでも，較差は正に向けた努力を重ねてきた結果である**と評価することができよう。また，新区画審設置法3条2項に**アダムズ方式**を採用する旨の規定を設け，平成32年以降に行われる国勢調査の結果に基づき同方式を適用することが予定されている。**同方式は，都道府県の人口をある基準人口で除し，その商の小数部分を切り上げた数を議員定数とする方式であり，直ちに憲法の投票価値の平等の要求に沿った選挙制度の実現を見込むことは困難であると思われる。しかし，当面は同方式を適用することにより選挙区間の投票価値の較差が縮小することが見込まれており，投票価値がより1対1の平等に近づくことを期待することができよう。**

　　そうであるとすれば，**司法が直ちに選挙無効の結論を出すのではなく，まず国会が新区画審設置法のもとで投票価値の較差是正を一層進め，その結果について司法が検証する**ということが憲法の予定する立法権と司法権の関係性に沿うものと考える。

　　したがって，本件区割規定は違憲であるが，いわゆる事情判決の法理により請求を棄却した上で，本件選挙は**違法であることを宣言**すべきであると考えるものである。」（強調　引用者）

11) **山本庸幸判事　反対意見**（ただし、平均値を1として、1票の価値が0.8を下回る選挙区は、**無効／人口比例選挙**）　平成30年大法廷判決（衆）民集72巻6号1297、1299〜1301頁：

「　したがって，私は，現在の国政選挙の選挙制度において法の下の平等を貫くためには，一票の価値の較差など生じさせることなく，どの選挙区においても投票の価値を比較すれば1.0となるのが原則であると考える。」

「　(3)　無効な選挙で選出された議員の身分

　　次に，先ほどの二つの問題のうち，第二の**「判決により無効とされた選挙に基づいて選出された議員の身分の取扱い」**については，衆議院の場合，選挙無効の判決がされると，訴訟の対象とされた選挙区から選出された議員のうち，一票の価値（各選挙区の有権者数の合計を各選挙区の議員定数の合計で除して得られた**全国平均の有権者数**をもって各選挙区の議員一人当たりの有権者数を除して得られた数。以下同じ。）が0.8を下回る選挙区から選出された議員は，**全てその身分を失うもの**と解すべきである。なぜなら，一票の価値が許容限度の0.8より低い選挙区から選出された議員がその身分を維持しつつ他の選挙区の議員と同様に国会の本会議や委

員会において議事に加わることは，そもそも許されないと解されるからである。ちなみに，それ以外の選挙区から選出された議員は，選挙は無効になるものの，議員の身分は継続し，引き続きその任期終了又は解散までは衆議院議員であり続けることができる。このように解することによって，衆議院は，経過的に，一票の価値が０．８以上の選挙区から選出された議員及び訴訟の対象とされなかった選挙区がある場合にあってはその選挙区から選出された議員のみによって構成されることになり，これらの議員によって構成される院で，一票の価値の平等を実現する新しい選挙区の区割り等を定める法律を定めるべきである。仮にこれらの議員によっては院の構成ができないときは，衆議院が解散されたとき（憲法54条）に準じて，内閣が求めて**参議院の緊急集会**を開催し，同緊急集会においてその新しい選挙区の区割り等を定める法律を定め，これに基づいて次の衆議院議員選挙を行うべきものと解される。(注１) (注２)。

(注１) 平成29年10月22日現在の選挙人名簿登録者（在外を含む。）の衆議院小選挙区選出議員の定数289人中，一票の価値が0.8を下回る選挙区の定数は，試算によると55人であり，総定数が465人であることを考えると，これらの議員が欠けたとしても，院の構成には特段の支障はないものと考えられる。

(注２) 他方，参議院の場合，例えば全選挙区が訴訟の対象とされているときは，その無効とされた選挙において一票の価値が0.8を下回る選挙区から選出された議員は，全てその身分を失うが，それ以外の選挙区から選出された議員については，選挙は無効になるものの，議員の身分は継続し，引き続きその任期終了までは参議院議員であり続けることができる。参議院議員は３年ごとにその半数が改選される（憲法46条）ので，このように解することにより，参議院はその機能を停止せずに活動することができるだけでなく，必要な場合には緊急集会の開催も可能である。」(強調引用者)

② 【平成27 (2015).11.25年大法廷判決（衆）】

12) **大橋正春判事　反対意見**（ただし，**6か月後に選挙無効**）　平成27年大法廷判決（衆）民集69巻7号2083～2084、2084～2085頁：

「　上記のように考えた場合には，裁判所は，昭和51年大法廷判決のいう違法であることを判示するにとどめて選挙自体は無効としないとすることや，昭和60年大法廷判決の共同補足意見のいう選挙を無効とするがその効果は一定期間経過後に初めて発生するものとすることが可能である。

　平成23年大法廷判決から現在まで既に4年8か月が経過しているにもかかわらず国会による是正措置は実現されていないのであり，選挙人の基本的人権である選挙権の制約及びそれに伴って生じている民主的政治過程のゆがみは重大といわざるを得ず，また，立法府による憲法尊重擁護義務の不履行や違憲立法審査権の軽視も著しいものであることに鑑みれば，本件は事情判決により選挙の違法を宣言するのにとどめるべき事案とはいえない。

　他方において，選挙無効の効力を直ちに生じさせることによる混乱を回避することは必要であり，**本件選挙は本判決確定後6か月経過の後に無効とすることが相当**である。」(強調　引用者)

　「　**本件では全選挙区について訴訟が提起されており，平成25年大法廷判決の私の反対意見が指摘した問題は生じない。**立法府による本件選挙区割りの是正のための検討作業を前提にすれば，本判決確定後6か月以内に是正措置を採ることを求め

るのは不可能を強いるものとはいえない。そして，6か月以内に是正措置が採られた場合には，特別法による選挙か衆議院を解散した上での通常選挙によるか等の具体的方法についての選択肢はあるものの，憲法14条に適合する新たな選挙区割りに基づいた選挙をすることで本件選挙を無効とすることによる混乱は回避することが可能である。」（強調　引用者）

13）**鬼丸かおる**判事　**反対意見**（ただし，**違法宣言／人口比例選挙**）　平成27年大法廷判決（衆）民集69巻7号2085，2089〜2090頁：

「　私は，衆議院議員の選挙における国民の投票価値につき，憲法は，**できる限り1対1に近い平等を基本的に保障している**ものと考える。」（強調　引用者）

「　(2)　本件選挙を**全部無効**とした場合には，本件選挙により選出された衆議院の小選挙区選出議員全員の当選の効力が失われることになる。しかし，衆議院には，小選挙区選出議員のほかに比例代表選出議員180人が存在するのであるから，**比例代表選出議員のみによっても憲法56条の定足数を満たすことができるのであって，定足数等の人数のみに着目すれば，衆議院の機能が直ちに失われることにはならないと考えることができよう。**そして，民主主義の根幹である国民の投票価値の平等を尊重した是正が行われず，衆議院議員が国民を代表して国政を行い民主主義を実現しているとはいい難い状況で立法作業が継続されるという事態を一応回避できるといえよう。そうであれば，選挙は，**判決と同時あるいは将来に向かって無効**とするという結論を採ることもあり得るところである。

(3)　しかしながら，小選挙区選出議員全員の当選が無効となった場合に，比例代表選出議員のみによって衆議院の活動が行われるという事態は，衆議院議員の小選挙区比例代表並立制度を定めた公職選挙法も，また衆議院議員選出のために投票した国民も予定しなかった事態であり，予期しない不都合や弊害がもたらされるおそれがあることを否定することはできない。国民は，本件選挙時に，小選挙区選出と比例代表選出の2選出方法による議員を選出することを前提とした投票行為を行っているのであるから，比例代表選出議員のみによって衆議院の活動が行われ，定数配分や選挙区割りが定められる等という状況の出現は，一時的なものにせよ，**選挙時には想定していなかったもの**であり，そのような事態は，国民の負託に沿わないおそれが高いといわねばならない。

そして，多数意見が指摘するとおり，国会においては引き続き選挙制度の見直しが行われ，衆議院に設置された検討機関において投票価値の較差の更なる縮小を可能にする制度を内容とする具体的な改正案等の検討が行われていること等を総合考慮すると，事情判決の制度の基礎に存する一般的な法の基本原則を適用して，**本件選挙が違法であることを主文において宣言する**ことが相当であると考えるものである。」（強調　引用者）

14）**木内道祥**判事　**反対意見**（ただし，較差が**2倍**を超える選挙区の選挙は**無効**。その余は，**違法宣言**）　平成27年大法廷判決（衆）民集69巻7号2092〜2093，2095〜2097頁：

「　選挙の効力について，違憲とする場合常にいわゆる事情判決の法理を適用せざるを得ないとの意見（横井大三裁判官，昭和58年11月7日大法廷判決），定数訴訟は，議員定数配分規定の違憲を宣言する訴訟として運用し，無効とはしないとの意見（園部逸夫裁判官，平成5年1月20日大法廷判決など）もあるが，いわゆる**事情判決の法理を適用した昭和51年4月14日大法廷判決の多数意見の趣旨**は「この種の選挙訴訟においては常に被侵害利益の回復よりも当該選挙の効力を維持すべき利益ないし必要性が優越するとしているわけではなく，具体的事情のいかんによっては，

衡量の結果が逆になり，当該選挙を無効とする判決がされる可能性が存することは，当然にこれを認めている」（中村治朗裁判官，昭和58年11月7日大法廷判決）と理解されるべきであり，それを前提として，昭和60年7月17日大法廷判決が，再び，いわゆる事情判決の法理の適用を行ったものと解される。」（強調　引用者）

「今回の衆議院議員総選挙は，従来の選挙区割りを基本的に維持して行われたものであり，その全てについて違法の宣言にとどめることはできない。」（強調　引用者）

「　具体的にどの範囲で選挙を無効とするかは，個々の選挙によって異なることは当然であるが，本件においては，本件選挙区割りによる295選挙区の選挙人数の違いが後述のとおりであることを考慮すると，衆議院としての機能が不全となる事態を回避することと投票価値平等の侵害の回復のバランスの観点から，投票価値の較差が2倍を超えるか否かによって決するのが相当である。

今回の選挙の結果によると，295の選挙区のうち最も選挙人数の少ないのは宮城県第5区（選挙当日で23万1081人），最も選挙人数の多いのは東京都第1区（選挙当日で49万2025人）であり，その比率は1対2．129である。選挙人数が東京都第1区の選挙人数の2分の1を下回る選挙区は，宮城県第5区以外に11あり，少ない順に挙げると福島県第4区，鳥取県第1区，鳥取県第2区，長崎県第3区，長崎県第4区，鹿児島県第5区，三重県第4区，青森県第3区，長野県第4区，栃木県第3区，香川県第3区である。

したがって，この12の選挙区については選挙無効とされるべきであり，その余の選挙区の選挙については，違法を宣言するにとどめ無効とはしないこととすべきである。この12選挙区について選挙が無効とされると，その選挙区から選挙人が選出し得る議員はゼロとなるが，これは，選挙を無効とする以上やむを得ないことであり，較差を是正する法改正による選挙が行われることにより回復されるべきものである。」（強調　引用者）

③【平成25（2013）.11.20大法廷判決（衆）】

15）大谷剛彦判事　反対意見（ただし，違法宣言）　平成25年大法廷判決（衆）民集67巻8号1535～1536頁：

「　以上のとおり，従来の判例法理の趣旨及びその評価の観点からすると，本件においては，憲法上要求される合理的期間内の是正は可能であったのに，これを行わなかったものと評価せざるを得ず，今回の選挙時における本件区割規定は，憲法の規定に違反するに至っていたと考える。

3　そこで，第3段階として，区割規定が憲法の規定に違反するに至っている場合に，選挙を無効とすることなく選挙の違法を宣言するにとどめるか否かについて，判例が認めてきているいわゆる事情判決の法理の適用の問題を検討する。

いわゆる事情判決の法理も，累次の最高裁の大法廷判決において形成されてきており，確立した判例法理ということができる。そして，この判例法理は，是正についての国会の広い裁量権の尊重がその背景にあり，国会が自ら制度の見直しを行い得る事情が認められる以上，選挙が無効とされることによる正常ではない議会の状況や再選挙による多大な負担といった不都合な事態を回避しようとするものである。この判例法理の適用基準としては，区割規定が憲法に適合していない場合，本来的には選挙の効力は否定されるべきであるから，この法理の適用は慎重であるべきであるが，選挙を無効としない結果，違憲の区割規定等により選挙人の基本的権利である選挙権が制約されているという不利益，他方で選挙を無効とする結果，区割規定の改正を選挙区から選出された議員が存在しない状態で行わざるを得ないといっ

た憲法の予定しない事態等が現出されることによってもたらされる**不都合**、更にその他諸般の事情を**総合考慮**して、無効を宣することの適否を判断するものとされている。

　前者の不利益については、国会が、合理的期間内において是正を行うには至らなかったにしても、是正に向けて意識的な取組を行い、多数意見2⑸のように平成24年改正法の附則に区割り改定の方向と道筋を示し、選挙後ではあるがその方向と道筋に沿って区割規定の改正を実現していることは、**選挙人の選挙権の制約という不利益を軽減ないし解消させる事情として十分に評価できる**のであり、この点からも、本件においては、いわゆる**事情判決の法理の適用が相当**であって、選挙の無効を宣するまでの要はないと考える。」（強調　引用者）

16）**大橋正春判事　反対意見**（ただし、**違法宣言**）　平成25年大法廷判決（衆）民集67巻8号1545頁：

「　事案の性質上、一部の選挙区についてのみいわゆる事情判決の法理を適用するのは適当ではないので、さきに述べた理由によれば本件に上記の法理を適用するのは適当でないと考えられるものの、選挙無効判決が確定した場合の補充選挙の実施は事実上不可能と考えられるのであり、こうした見地から上記の法理を適用し、本件においては、主文において**選挙の違法を宣言する**にとどめ、これを**無効としない**こととするのが相当である。」（強調　引用者）

17）**木内道祥判事　反対意見**（ただし、**違法宣言**。是正なき場合は、「**選挙を無効とすることがあり得ないではない**」）　平成25年大法廷判決（衆）民集67巻8号1551〜1552頁：

「　そもそも、投票価値の平等の侵害を理由とする選挙無効訴訟の判決の内容は、憲法によって司法権に委ねられた範囲内において、この訴訟を認めた目的と必要に応じて、裁判所がこれを定めることができると考えられるのであり（**昭和60年大法廷判決における裁判官寺田治郎、同木下忠良、同伊藤正己、同矢口洪一の補足意見参照**）、上記のいわゆる事情判決の法理も、この考え方に沿うものといえよう。そして、上記の考え方によれば、判決確定により当該選挙を直ちに無効とすることが相当でないときは、選挙を無効とせず違法宣言のみにとどめる、あるいは、**選挙を無効とするがその効果は一定期間経過後に初めて発生する**という判決をすることも可能であると解される（**昭和60年大法廷判決における上記4裁判官の補足意見参照**）。

　本件選挙を無効としないことは、本件選挙の時点における投票価値の平等の侵害をこの判決において直ちに是正しないことにはなるが、いわゆる事情判決の法理によって従来示された、選挙を無効とされた選挙区からの選出議員を得ることができないままの衆議院が公職選挙法の改正を含む立法活動を行うという憲法の所期するところに反する事態を回避する必要性を考慮し、かつ、本件選挙を行うこととなった衆議院解散の日（平成24年11月16日）に1人別枠方式の廃止と小選挙区数の0増5減を内容とする平成24年改正法が成立し、その後、それに基づいて区割りを改正する法改正が成立したこと（平成25年6月24日）にみられるように、次回の選挙を合憲状態で行うための改正が実現の途についたという国会の状況を考慮すると、今回の本件選挙については、それが<u>違法であることを宣言するにとどめ無効とはしない</u>こととするのが相当である。

　ただ、前記の平成24年改正及び同25年改正による改正後の区割規定は、上記0増5減による定数削減の対象とされた県以外の都道府県については、1人別枠方式によって配分された定数が維持されており、平成23年大法廷判決が違憲であるとした

１人別枠方式の実質的な廃止が実現したとは必ずしもいえないことなど、今後の是正による次回選挙までの違憲状態の解消の実現が確実であるというには心もとない事情があり、今後の国会の動向いかんによっては、**選挙を無効とすることがありえないではない。**一般に、どの範囲で選挙を無効とするかは、前述のように、憲法によって司法権に委ねられた範囲内において裁判所が定めることができると考えられるのであるから、従来の判例に従って、区割規定が違憲とされるのは選挙区ごとではなく全体についてであると解しても、裁判所が選挙を無効とするか否かの判断をその侵害の程度やその回復の必要性等に応じた裁量的なものと捉えれば、訴訟の対象とされたすべての選挙区の選挙を無効とするのではなく、裁判所が選挙を無効とする選挙区をその中で投票価値平等の侵害のごく著しいものに限定し、衆議院としての機能が不全となる事態を回避することは可能であると解すべきである。

　　区割規定が違憲であることが司法判断によって確定しながら国会による**改正が行われないまま選挙が繰り返し行われ、その結果として、選挙が無効とされるような事態**が杞憂に終わることを切に期待するものである。」（強調　引用者）

18）**鬼丸かおる判事　意見**（ただし、**違憲状態／人口比例選挙**）　平成25年大法廷判決（衆）民集67巻8号1527、1530〜1531頁：

　　「　私は、衆議院議員の選挙における国民の投票価値につき、憲法は、できる限り**1対1に近い平等を基本的に保障している**ものと考えるものである。」（強調　引用者）

　　「　2　しかし、私が憲法上の要請であると考えるところの水準にかなう投票価値の平等を保障する選挙制度を実現するためには、単に1人別枠方式を廃止するにとどまらず、都道府県への選挙区数の配分、各都道府県における選挙区割りの見直し、その結果についての全選挙区の選挙人数を比較対照した上での再度の選挙区割りの見直しといった相当に膨大かつ複雑な作業を必要とすることになる。しかも、こうした投票価値の平等を保障した選挙制度を実現するには、候補者間の公平や地勢、選挙事務を担う地方自治体の関わり方等の諸々の要素を総合考慮しながら、上記のような定数配分や区割りの検討を行う必要が存し、選挙区割りを決定するには、区割り案の当否につき国会内で論議を尽くし、各関係行政機関で協力体制を確保した上で、法令等を整備する必要があるのであるから、これらの作業には相当程度の長期間を要するものといわざるを得ない。

　　一方、国会は、平成23年3月23日に当審の大法廷判決が言い渡される前には、平成14年改正後の公職選挙法13条1項及び別表の定める選挙区割りが憲法の投票価値の平等の要求に反する状態に至っていたとの認識を有することは困難であったと解されるところ、国会が上記判決から本件選挙施行までの約1年9か月の間に、多数意見において必要とされる内容の改正のみならず、私が憲法上の要請と考えるところの**できる限り1対1に近い投票価値の平等**を実現するために上記のような選挙区割りの是正作業を行うことは相当に困難であったと認められる。したがって、憲法上要求される合理的な期間内における是正がなされなかったものとすることはできないと考えるものである。」（強調　引用者）

④【平成23（2011）.3.23大法廷判決（衆）】

19）**宮川光治判事　反対意見**（ただし、**違法宣言／人口比例選挙**／是正なき場合は、**違憲無効もあり得る**、との付言付）　平成23年大法廷判決（衆）民集65巻2号809〜810、812〜813頁：

　　「　1　本件区割基準のうち1人別枠方式に係る部分について、多数意見が、遅くとも本件選挙時においては、その立法当時の合理性が失われ、憲法の選挙権の平等

に反する状態に至っていたと判断していること、また、できるだけ速やかにこれを廃止し、選挙権の平等の要請にかなう立法的措置を講ずる必要があるとしていることには、私も共感するところがある。しかし、なお、意見を異にする点があり、その点を明らかにしておくことは意味があると考え、以下、私の意見を簡潔に述べておくこととする。

　　2　私は、衆議院及び参議院の各議員を選挙する権利は、国民主権を実現するための、国民の最も重要な基本的な権利であり、人口は国民代表の唯一の基礎であり、投票価値の平等は憲法原則であると考える。人口こそが、議席配分の出発点であり、かつ決定的基準である。国会は、衆議院及び参議院について、国民の代表という目標を実現するために適切な選挙制度を決定することに関し広範な裁量権を有するが、選挙区や定数配分を定めるには、人口に比例して選挙区間の投票価値の比率を**可能な限り1対1に近づける努力**をしなければならない。この意見は、既に平成19年7月29日の参議院議員通常選挙に関する最高裁平成20年（行ツ）第209号同21年9月30日大法廷判決・民集63巻7号1520頁における反対意見で詳しく述べたところである。」（強調　引用者）

　　「　なお、区画審設置法3条1項は、区画審が衆議院小選挙区選出議員の選挙区の改定案を作成するに当たっては、各選挙区の人口の均衡を図り、各選挙区の人口のうち、その最も多いものを最も少ないもので除して得た数が2以上とならないようにすることを基本とし、行政区画、地勢、交通等の事情を総合的に考慮して合理的に行わなければならないとしているが、投票価値が平等であるべきことからすれば、**1対1に近づける努力を尽くすことを前提**としなければならない。2以下であればいかなる改定案であっても憲法に適合すると認められるものではなく、改定案の合理性は審査の対象となると考えるべきである。そのように解しなければ、この規定の憲法適合性にも疑問が生ずるであろう。

　　4　以上、1人別枠方式を採用して定められた本件区割規定は憲法に違反し、本件選挙（小選挙区選挙）は違法である。したがって、事情判決の法理により請求を棄却するとともに、主文において本件選挙の当該選挙区における**選挙が違法である旨を宣言**すべきである。そして、さらに、今後、国会が速やかに1人別枠方式を廃止し、選挙権の平等にかなう立法的措置を講じない場合には、将来提起された選挙無効請求事件において、当該選挙区の結果について**無効とすることがあり得ることを付言**すべきである。」（強調　引用者）

20）田原睦夫判事　反対意見（ただし、違法宣言）　平成23年大法廷判決（衆）民集65巻2号807、809頁：

　　「　以上のような状況からすれば、平成17年総選挙におけるのとは異なり、本件選挙までに1人別枠方式の再検討の着手にすら至っていない国会の立法不作為は憲法上要求される**合理的是正期間を徒過**したものといわざるを得ず、したがって、1人別枠方式に基づいて定められている本件区割規定は**違憲**であるといわざるを得ないのである。」（強調　引用者）

　　「　第3　本件選挙の効力について

　　以上検討したとおり、私は、公職選挙法のうち、**本件区割規定及び小選挙区選挙**の選挙運動に関する規定は、いずれも**憲法に違反する**ものであると考える。

　　そして、このように憲法に違反する公職選挙法の下において実施された**本件選挙は違法**であって、無効との評価を本来受けるべきものであるが、従前の当審の判例が合憲の判断をなしてきて、今回多数意見がようやく1人別枠方式について憲法の投票価値の平等の要求に反する状態にあるとの判断をするに至ったこと、また、小

選挙区選挙における選挙運動の格差が選挙の結果に直接影響したとの事実に関する主張もないことに鑑み、本件訴訟においては、無効との結論を留保し、**事情判決の法理を適用して、選挙の違法を宣言する**にとどめるべきものと考える。」（強調　引用者）

21）**須藤正彦**判事　**反対意見**（ただし、**違憲状態／人口比例選挙**）　平成23年大法廷判決（衆）民集65巻2号790～792頁：

「　そうすると、国政の運営への国民の利害や意見の公正な反映という見地からしても、衆議院議員選挙における**投票価値は特に厳格な平等が要求される**というべきで、**それに殊更に差異を設けるような制度は、特段の合理的理由が認められない限り、憲法の投票価値の平等の要求に反する**というべきである。」（強調　引用者）

「　しかも、多数意見の述べるとおり、1人別枠方式において、衆議院議員の選挙制度に関して戦後初めての抜本的改正を行うという経緯の下で、国政における安定性、連続性の確保を図るという観点から、一定の限られた時間の中で認められていた合理性も、相当期間が経過したことによって、既に失われるに至ったというべきである。そうすると、本件選挙当時、1人別枠方式は、投票価値に差異を設けるべき特段の合理的理由は認められないから、憲法の投票価値の平等の要求に違反する状態になっていたというべきである。」（強調　引用者）

⑤　**【平成19（2007）.6.13大法廷判決（衆）】**

22）**泉徳治**判事　**反対意見**（ただし、**違法宣言／人口比例選挙**）　平成19年大法廷判決（衆）民集61巻4号1659～1660、1661～1662頁：

「　(2)　憲法47条は具体的選挙制度の構築を法律に委任しているが、それはあくまでも選挙権の平等などの憲法原理の枠の中での委任であるから、法律で衆議院議員の選挙区や定数配分を定める際は、選挙区間における投票価値ができる限り平等になるよう、**人口比例の原則に則って可能な限り1対1に近づける**ことが要求される。選挙人のグループ分けをして選挙区を定めるに際し、1対1からある程度の乖離が生じることは避けられないが、乖離をもたらす規定の立法目的が必要不可欠な公益を追求するものであるか否か、その目的達成のために選択された手段が是非とも必要な最小限度のものであるか否かを審査し、両者が肯定されて初めて、当該規定の合憲性を肯認すべきである。」（強調　引用者）

「　(6)　したがって、1人別枠方式を採用して定められた本件区割規定は憲法に違反するものであり、それにより各上告人が居住する選挙区の選挙人の投票価値が理由なく低くされたのであるから、同選挙区における**本件選挙は違法**である。」（強調　引用者）

23）**横尾和子**判事　**反対意見**（ただし、**違法宣言**）　平成19年大法廷判決（衆）民集61巻4号1655～1656、1658頁：

「　1　**本件区割規定は憲法に違反**する。その理由は、以下のとおりである。

私は、国会において衆議院議員選挙の趣旨、目的、選挙の公正かつ円滑な実施のための合理的な要素を考慮して選挙の区割りを定めた結果、憲法が要求する投票価値の平等が損なわれることとなったとしても、それが、平等原則を最大限尊重した結果である限り、違憲の問題は生じないと考えるものである。

ところで、本件区割規定の下では、人口が最も少ない選挙区と比較した人口較差が**2倍以上**となっている選挙区が9選挙区あるが、これらの選挙区における2倍以上の較差は、区割りの際に各々後述の事情を考慮した結果生じたものであるとされているところ、それらの考慮された事情には、以下に述べるように、いずれも、**投票価値の平等が損なわれてもやむを得ないといい得るような合理性が認められな**

い。」（強調　引用者）

　　「3　なお、上述の1及び2のいずれについても**事情判決の法理**を適用して**選挙の違法を宣言する**にとどめるべきものと考える。」（強調　引用者）

⑥【平成11（1999).11.10大法廷判決（衆）】

24）**福田博**判事　**反対意見**（ただし、**違法宣言／人口比例選挙**）　平成11年大法廷判決（衆）民集53巻8号1491～1492頁：

　　「　平等原則が国家の政治制度に表現されたのが代表民主制であり、それが選挙制度において具体化されたのがいわゆる「**一人一票**」の原則であって、市民に「政治参加への平等な機会」を与えることこそ、長い歴史の実験を経て、現存する最も好ましい政治制度であると評価されている。その実施に当たっては、世界各国においてある程度の投票価値の較差が許容されることがあったが、社会一般における平等への希求の深化に応じ、差別を許容する程度は急速に狭められ、今日では、二倍の較差（これは要するに一人の投票に二人分の投票の価値を認めるものである。）は到底適法とは認められず、**可能な限り一対一**に近接しなければならないとするのが、文明社会における常識となっている。今や我が国の独自性とか累次の判例を口実に、人類の普遍的価値である平等を、世界的に広く要請され、受容されている水準から、遠く離れた位置に放置し続けることの許されない時代に達している。」（強調　引用者）

　　「　一二　したがって、本件選挙には、憲法に違反する定数配分規定に基づいて施行された瑕疵が存したことになるが、改正公選法による一回目の総選挙であったこともあり、多数意見の引用する**昭和五一年四月一四日大法廷判決**及び**同六〇年七月一七日大法廷判決**の判示するいわゆる**事情判決の法理**により、主文において本件訴訟の対象となった選挙区の**選挙の違法を宣言する**にとどめ、これを無効としないことが相当と考える。」（強調　引用者）

25）**4判事　反対意見**（ただし、**違法宣言**）（河合伸一、遠藤光男、元原利文、梶谷玄）平成11年大法廷判決（衆）民集53巻8号1473～1474頁：

　　「　私たちは、多数意見とは異なり、**本件区割規定は憲法に違反する**ものであって、**本件選挙は違法**であると考える。その理由は、以下のとおりである。」（強調　引用者）

　　「　1　投票価値の平等を徹底するとすれば、本来、各選挙人の投票の価値が名実ともに同一であることが求められることになるが、具体的な選挙制度として選挙区選挙を採用する場合には、その選挙区割りを定めるに当たって、行政区画、面積の大小、交通事情、地理的状況等の非人口的ないし技術的要素を考慮せざるを得ないため、右要請に厳密に従うことが困難であることは否定し難い。しかし、たとえこれらの要素を考慮したことによるものではあっても、選挙区間における議員一人当たりの選挙人数又は人口の較差が**二倍**に達し、あるいはそれを超えることとなったときは、**投票価値の平等は侵害された**というべきである。けだし、そうなっては、実質的に一人一票の原則を破って、一人が二票、あるいはそれ以上の投票権を有するのと同じこととなるからである。」（強調　引用者）

⑦【平成5（1993).1.20大法廷判決（衆）】

26）**木崎良平**判事　**反対意見**（ただし、可分説に立って、1年以内に是正なき場合は、**選挙無効とする／2倍説**）　平成5年大法廷判決（衆）民集47巻1号123頁：

　　「　4　以上に述べた理由により、私は、**可分説**に賛成するので、本件の対象となった選挙区の選挙のうち、較差が一対二未満のものに関しては、請求を棄却すべきであるが、**較差が一対二以上の選挙区の選挙**については、当該選挙を無効とした上、

昭和六〇年大法廷判決における裁判官寺田治郎外三名の裁判官の補足意見にならって、**相当の期間（一年間）を設け、その期間内に定数是正の行われないときには当該選挙を無効とする趣旨の判決を行うべきものと考える。**」（強調　引用者）

27）**佐藤庄市郎**判事　**反対意見**（ただし、**違法宣言／是正なき場合は、選挙無効とする。2倍説**）　平成5年大法廷判決（衆）民集47巻1号112～114頁：

「　一般に合理性を有するものとは考えられない程度の著しい不平等状態というのは、常識として、一人が一票の投票権を持つのに対し他の人が二票の投票権を持つのは明らかに不平等であるというべきであるから、較差が一対二を超える場合をいい、独立した生活圏を形成している特定の地域（離島やへき地）を一つの選挙区とする等の特殊なケースを除いては、それ以上の較差は、憲法上容認し得ないというべきである（もっとも、較差が一対二以内であればすべて容認し得るというものでもない。選挙区間の議員定数配分において、いわゆる逆転現象が存在し、それが全国で相当数に達しているような場合には、較差は一対二以内であっても、それだけで違憲状態であると評価されるべきものである。）。」

「　以上述べたところに従い、私は、本件については、本件選挙が憲法に違反する議員定数配分規定に基づいて行われた点において違法である旨を判示し、主文において右**選挙の違法を宣言すべきもの**と考える。

　なお、私は、定数訴訟は違憲宣言訴訟にとどまるべきではないので、将来、このような事態が繰り返される場合には、当該**選挙を無効とする判決**をせざるを得ないと考える。」（強調　引用者）

28）**小野幹雄**判事　**反対意見**（ただし、**違法宣言**）　平成5年大法廷判決（衆）民集47巻1号127～128頁：

「　このようにみてくると、昭和六一年の改正は、差し迫っていた衆議院議員選挙に備えての、取りあえずの暫定措置、**弥縫策**に過ぎず、本来されるべき是正に至る過程の暫定措置と位置付けられるべきものであり、是正のための**合理的期間**は、昭和六〇年大法廷判決によって既に経過したものとされたまま、**徒過し続けている**ものといわざるを得ない。したがって、昭和六一年改正後の**議員定数配分規定**は、本件選挙当時、憲法一四条一項に違反し、**無効**であったものというべきである。

　以上の次第であるから、本件においては、昭和五一年、昭和六〇年大法廷判決によって示されたいわゆる事情判決の法理に従い、当該選挙区における**本件選挙の違法であることを主文において宣言すべきもの**と考える。」（強調　引用者）

29）**橋元四郎平**判事　**反対意見**（ただし、**違法宣言**）　平成5年大法廷判決（衆）民集47巻1号105～106頁：

「　四　以上のように、**本件議員定数配分規定は本件選挙当時全体として違憲**であるが、これに基づいて行われた選挙の効力については、なお別個な考慮を要する。すなわち、本件選挙について、（一）　違憲の議員定数配分規定によって選挙人の基本的権利である選挙権が制約されているという不利益その他本件選挙の効力を否定しないことによる弊害、（二）　本件選挙を無効とする判決の結果、議員定数配分規定の改正が当該選挙区から選出された議員が存在しない状態で行われざるを得ないなど、一時的にせよ憲法の予定しない事態が生ずることによってもたらされる不都合、（三）　本件選挙当時の選挙区間における議員一人当たりの有権者数の較差の程度、その他本件に現れた諸般の事情を総合考慮すると、いわゆる**事情判決の制度の基礎に存するものと解すべき一般的な法の基本原則**に従うのが相当である場合に当たると考えられる。その上、本件のような定数訴訟は、定数配分規定の違憲宣言を求め、立法府にその是正を促す点に主眼があること、違憲審査制度は、究極において、司

法判断を立法府、行政府が尊重しこれに協力することによってその実効性が確保されるべきものであることにかんがみれば、本件選挙が憲法に違反する議員定数配分規定に基づいて行われた点において違法である旨を判示し、**主文において右選挙の違法を宣言する**にとどめ、右選挙は無効としないこととするのが相当であると考える。」（強調　引用者）

30）**中島敏次郎**判事　**反対意見**（ただし、**違法宣言／３倍説**。３倍以上の較差が是正されない場合、**選挙無効**又は、**判決後一定期間後の選挙無効**の判決を言渡すと付言）　平成５年大法廷判決（衆）民集47巻１号110～111頁：

「　本件については、前記のとおり、較差が違憲状態に達した時から本件選挙までの期間がさほど長期ではなく、また、較差の程度等本件に現れた諸般の事情を併せ考察すると、昭和五一年大法廷判決及び昭和六〇年大法廷判決によって示されたいわゆる**事情判決の制度の基礎に存するものと解すべき一般的な法の基本原則**に従い、本件選挙が憲法に違反する定数配分規定に基づいて行われた点において違法である旨を判示し、**主文において右選挙の違法を宣言する**にとどめ、右選挙は無効としないこととするのが相当である。

　しかしながら、今後、**一対三以上の較差が是正されずに合理的期間が経過したまま総選挙が行われ**、再度議員定数配分規定違憲訴訟が提起された場合には、もはや今回と同様の処理を繰り返すことは許されず、司法部としては、実効性のある措置を採らざるを得ないというべきである。すなわち、昭和六〇年大法廷判決における寺田裁判官等四人の裁判官の補足意見及び木戸口裁判官の補足意見にならって、**当該選挙を無効とするが、その効力は判決後一定期間内**（既に是正のための合理的期間を経過しているので、法改正のための追加的な猶予期間という趣旨で比較的短期間で足りるであろう。）に定数配分規定の是正がされない場合に生じるものとする判決を行うべきものと考える。」（強調　引用者）

⑧　【昭和60（1985）.7.17大法廷判決（衆）】

31）**４裁判官　補足意見**（ただし、**違法宣言**。利益の比較衡量により、較差が是正されない場合は、**選挙無効**又は、**将来効的無効判決**もあり得る、との付言付）（**寺田治郎（最高裁長官）　木下忠良　伊藤正己　矢口洪一**）昭和60年大法廷判決（衆）民集39巻５号1124～1126頁：

「　裁判官寺田治郎、同木下忠良、同伊藤正己、同矢口洪一の補足意見は、次のとおりである。

　一　多数意見は、その説示にかかる一般的な法の基本原則に従い選挙人たる上告人らの選挙無効の請求を棄却し、主文において当該選挙区における本件選挙の**違法を宣言する**にとどめるべきものとし、これと同旨の原判決を正当として是認するものである。

　ところで、本件選挙が違法であるとされる所以は、本件選挙が憲法に違反する議員定数配分規定に基づいて行われた点にあることは、多数意見の判示するところから明らかであるから、本件選挙が違法である旨の宣言は、実質的には、本件選挙が憲法に違反するものであることを明らかにしたものにほかならない。昭和五一年大法廷判決がその主文において選挙の違法宣言をしたのも、同様、選挙の違憲宣言の趣旨であつたことは、判文上容易にうかがい得るところである。

　二　昭和五八年大法廷判決は、昭和五五年六月施行の衆議院議員選挙当時投票価値の較差が憲法の選挙権の平等の要求に反するものであることを肯定しながら、いまだその是正のための合理的期間が経過したものとはいえないとして、議員定数配分規定を憲法に違反するものと断定することはできないと判断したが、右投票価値

の較差が憲法の選挙権の平等の要求に反する程度に至つていたことを重視し、議員定数配分規定はできる限り速やかに改正されることが望まれる旨を付言した。それにもかかわらず、その後現在まで右改正は実現していない。そして、右規定の是正のための合理的期間が既に経過していることは、多数意見、反対意見を通じて異論のないところであり、また、本判決の是認する原判決の違法宣言の実質が違憲宣言であることを併せ考えると、**右是正の急務であることは、昭和五八年大法廷判決当時の比ではない。一日も早く右の是正措置が講ぜられるべきものであることを強調せざるを得ない。**

　三　ところで、右是正措置が講ぜられることなく、現行議員定数配分規定のままで施行された場合における選挙の効力については、**多数意見で指摘する諸般の事情を総合考察して判断されることになるから、その効力を否定せざるを得ないこともあり得る。**その場合、判決確定により当該選挙を直ちに無効とすることが相当でないとみられるときは、**選挙を無効とするがその効果は一定期間経過後に始めて発生するという内容の判決をすることも、**できないわけのものではない。けだし、議員定数配分規定の違憲を理由とする選挙無効訴訟(以下「定数訴訟」という。)は、公職選挙法二〇四条所定の選挙無効訴訟の形式を借りて提起することを認めることとされているにすぎないものであつて(昭和五一年大法廷判決参照)、これと全く性質を同じくするものではなく、本件の多数意見において説示するとおり、その判決についてもこれと別個に解すべき面があるのであり、定数訴訟の判決の内容は、憲法によつて司法権にゆだねられた範囲内において、右訴訟を認めた目的と必要に即して、裁判所がこれを定めることができるものと考えられるからである。」(強調引用者)

32)　木戸口久治判事　補足意見(ただし、**違法宣言。**是正なき場合は、**無効判決、将来効的無効判決**もあり得るとの**警告付**)　昭和60年大法廷判決(衆)民集39巻5号1126〜1127頁:

「　裁判官木戸口久治の補足意見は、次のとおりである。

　一　**多数意見は、本件選挙は違憲の議員定数配分規定に基づくものであるとした上、本件においては、その説示する一般的な法の基本原則に従いいわゆる事情判決的処理をすべきものとしたが、**私の見解もこれと同一であり、かつ、これに関する裁判官寺田治郎、同木下忠良、同伊藤正己、同矢口洪一の補足意見にも賛成するものであるが、ただ、昭和五八年大法廷判決において反対意見を述べた私の立場から、なお若干追加して述べておきたい。

　二　私は、昭和五八年大法廷判決の反対意見において、昭和五五年六月二二日に施行された衆議院議員選挙につき、本件と同一の議員定数配分規定を違憲としつつ、右選挙の効力を否定することなく、事情判決的処理をすべき旨を主張した。しかし、右大法廷判決の多数意見は、当時の議員定数配分規定の下における議員一人当たりの選挙人数の較差は憲法の選挙権の平等の要求に反する状態にあることは認めたものの、その是正のための合理的期間が経過したものとは認められないとして、議員定数配分規定は違憲とは断定できないとしたのである。したがつて、当裁判所として昭和五〇年改正法による改正後の現行議員定数配分規定につき事情判決的処理をするのは初めてであつて、事情判決的処理の繰り返しが相当でないとする非難が当たらないことは、もとよりである。

　三　違憲の議員定数配分規定に基づいて行われた選挙を無効とすることなく、事情判決的処理によつてその効力を維持すべきこととする背後には、裁判所の立場から国会に対し早急に議員定数配分規定の是正を実現することを促す趣旨が込められ

ているものと考える。したがつて、国会としては、この点を充分考慮し、速やかに右規定の是正を図るべきである（なお、右是正に当たつては、今後の人口異動の動態をも予測して、少なくとも、改正後五年間位—公職選挙法別表第一末尾参照—は再度の是正を必要としない程度の改正をすることが望まれる。）。**本件選挙について前記のような趣旨を含む事情判決的処理がされたにもかかわらず、なお国会が議員定数配分規定の改正を行わないため、同一の違憲の議員定数配分規定に基づき選挙が行われたときは、もはやその選挙につき重ねて事情判決的処理を繰り返すことは相当でなく、この場合は多数意見の指摘するような憲法上若干の不都合が生ずることがあるとしても、原則どおり、当該選挙を直ちに無効とするか、又は少なくとも一定期間経過後に選挙無効の効果を生ずるとの判決をすべきものと考える。**」（強調引用者）

33）**谷口正孝**判事　**反対意見**（ただし、裁判対象の選挙区の選挙のみ**無効**）　昭和60年大法廷判決（衆）民集39巻5号1127〜1130頁：

「　　裁判官谷口正孝の反対意見は、次のとおりである。

　一　私も**本件議員定数配分規定は全体として憲法に違反するものと考える。その理由は多数意見に示すとおりであつて、これに付加して述べることはない。**

　しかしながら、本件選挙の効力については、私は、多数意見に賛同するものを得ない。以下、その理由を述べる。

　二　私は、昭和五五年六月二二日施行の衆議院議員選挙の選挙無効訴訟において、当時における議員定数配分規定は、憲法一四条、一五条、四四条に違反し、違憲の法規であると考える旨の意見を述べた（昭和五八年大法廷判決における私の反対意見参照）。そして、右違憲の議員定数配分規定に基づいて行われた選挙の効力については、これを無効とすることなく、行政事件訴訟法三一条の規定に現われた一般的な法の基本原則に従い、いわゆる事情判決的処理をすべきものと考えた。けだし、選挙を無効とすることは、昭和五一年大法廷判決における多数意見が説示しているように憲法の所期しない異常な事態を招くものであり、しかも議員定数配分規定の改正は国会のみが果たし得る権能であり、裁判所として配分議員数や選挙区割につき直接その是正措置を講ずることは憲法の許さないところであることを思えば、裁判所が議員定数配分規定の違憲性を明示しさえすれば、国会はその是正を図るであろうことを当然に期待し得るものと信じたからにほかならない。また、昭和五〇年改正法による改正後の議員定数配分規定について、当裁判所としてその違憲性につき判断するのは最初のことであるので、特にその点をも考慮にいれたからであつた。

　三　しかし、本件選挙については、私は、先の意見と異なる結論を採らざるを得ない。その理由は以下のとおりである。

　1　憲法に違反する議員定数配分規定は、憲法九八条により無効の法規のはずであり、その無効の議員定数配分規定に基づいて行われた選挙は本来無効と宣言されるべきものである。にもかかわらず、前記の如く事情判決的処理をすることは、極めて例外的な場合にのみ許されるべきものであり、本件の如き定数配分規定の是正を目的とする選挙無効訴訟について常に事情判決的処理をし、また、しなければならないとすることは、**昭和五一年大法廷判決**が、「現行法上選挙人が選挙の適否を争うことのできる唯一の訴訟」であるとして、公職選挙法二〇四条の規定に乗せて議員定数配分規定の違憲を理由とする選挙無効の訴訟を認めた趣旨にもとることとなるであろう。右大法廷判決は、憲法上保障された基本的権利である選挙権の制約に対する救済に主眼を置くもので、例外的な場合を除いて**選挙無効**の判決をすべきことは、**むしろ当然の帰結**であると考える（抽象的に議員定数配分規定の違憲宣言

を求める訴訟の形式は、現行法上認められていないことも考えなければならない。）。

　さらに、私が最もおそれるのは、違憲の議員定数配分規定について、早期・適切な是正を期待した国会がその挙に出でずして荏苒として時を過し、違憲の議員定数配分規定により選挙が繰り返し行われ、裁判所がこれに対しその都度、事情判決的処理をもつて応対するということになれば、それは正に裁判所による違憲事実の追認という事態を招く結果となることであつて、裁判所の採るべき途ではないと考える。

　2　次に、私は本件議員定数配分規定は全体として違憲と考えるのであるが、このような考え方に立つて右規定を無効と評価するとしても、この規定に基づく選挙の全部が当然に無効となるものではないと解する。本件のような訴訟が公職選挙法二〇四条の規定に乗せて許容されるものである以上、**個々の訴訟において裁判所が無効と宣言した選挙区の選挙のみが無効となるのである**。しかも、右規定の下で議員一人当たりの選挙人数がおおむね全国平均の数値に近い選挙区はもちろん、議員一人当たりの選挙人数の較差が違憲とまでは断定し難い選挙区については、その選挙区の選挙は無効とはならないものと解することができる。けだし、右選挙区については、憲法の選挙権の平等の要求に適合するように議員定数配分規定が改正された場合でも、選出されるべき議員数に変動を生じない可能性があるから、選挙の結果に異動を及ぼす虞がないものといい得るからである（公職選挙法二〇五条一項）。もつとも、この見解に対しては、右の選挙区についても再選挙の結果従前の当選人と異なる者が選ばれる可能性があるので、選挙の結果に異動を及ぼす虞がないとはいえないのではないか、との反論があろう。しかし、ここで問題とされているのは専ら定数配分の不均衡なのであるから、右の虞の有無は、配分された議員数のみを基準として決すべきものと考える。」（強調　引用者）

⑨　【昭和58（1983）.11.7大法廷判決（衆）】

34）**団藤重光**判事　反対意見（ただし、**違法宣言**。将来、**利益の比較衡量**の結果、**無効判決**もあり得るとの警告付）　昭和58年大法廷判決（衆）民集37巻9号1272～1273頁：

「　このような従来の事態を大観するときは、五〇年改正によつて、立法府が較差の是正のために相当の努力をしたことは、わたくしもみとめるのにやぶさかではないが、それは結局、単なる一時的な弥縫策の域を出るものではなかつたというべきである。昭和三〇年代からすでに現われていた較差増大の顕著な傾向に対して立法府のとるべきであつた対策を考えるにあたり、多数意見のように、五〇年改正以降の時期だけを取り上げて、是正のための合理的期間を考えることは、わたくしの賛同しがたいところである。

　そうすると、本件選挙当時において投票価値の較差が憲法の選挙権平等の要求に反する程度にいたつていたのは、必要な是正立法が合理的期間内に行われなかつた結果であるとみるほかなく、議員定数配分規定は本件選挙当時にすでに**違憲**であつたというべきである。

　二　そこで、さらに、本件選挙の効力について考えなければならない。**五一年判決**は、いわゆる**事情判決の考え方**を採用して、当該選挙が憲法に違反する議員定数配分規定に基づいて行われた旨を判示するにとどめ、選挙自体は無効としないこととして、**主文において当該選挙の違法を宣言した**のであつた。これは**憲法上の諸利益の較量**による一種の司法政策ともいうべきものであつたと理解されるべきであろう。中村裁判官の説かれるところも、同旨であろうとおもう。そうして、わたくしは、本件に関するかぎり、ほぼ同様の考慮から、やはり同じ結論をみとめるのが相当であると考える。しかし、いわゆる事情判決の考え方に従つた処理がこのような

性格のものである以上、**もし将来において、選挙を無効とすることによって生じる**であろう**憲法上の不都合**よりも、選挙権の平等の侵害という**憲法上の不都合**の方が**上回るような事態**が生じるにいたつたときは、もはや選挙の違法を宣言するにとどめることなく、**選挙無効の判決をしなければならなくなるのは、当然の理であろう**。」（強調　引用者）

35）**中村治朗**判事　**反対意見**（ただし、**違法宣言**。将来、比較衡量の結果、**無効判決も**あり得るとの**警告**付）　昭和58年大法廷判決（衆）民集37巻9号1286～1287頁：

「　行政事件訴訟法三一条一項所定の**事情判決の法理**は、元来、個々の具体的事案に即し、**一方において当該違法な処分等による権利侵害の性質、内容、程度及びこれに対する救済ないし是正の必要性その他の事情**と、他方において**右処分等を失効させることによつて生ずべき公の不利益の性質、内容、程度等**とを対比し、両者を**比較衡量**して後者が前者に優越すると認められる場合に初めて右処分等を失効させる判決を差し控えるべきであるとするものであつて、当然に個別的判断を要求するものである。五一年判決にいう事情判決の一般的法理というのも当然このような性質を有するものと理解され、同判決は、これを前提として当該事案に即して**右事情判決の法理**により請求を棄却すべきものと判断したにとどまり、この種の選挙訴訟においては常に被侵害利益の回復よりも当該選挙の効力を維持すべき利益ないし必要性が優越するとしているわけではなく、**具体的事情**のいかんによつては、**衡量の結果が逆になり、当該選挙を無効とする判決がされる可能性が存する**ことは、当然にこれを認めているものと解されるのである（同判決が選挙無効の判決の結果として生ずべき種種の不都合な結果を挙げているのも、専ら、事情判決の法理を採用すべき理由としての一般論を述べたものか、又は前記比較衡量にあたつて特にしんしやくすべき点を指摘したにとどまるというべきである。）。もつとも、いかなる場合にそのような逆の判断がされる可能性があるかについては、いちがいにこれを論ずることはできないが、例えば議員定数配分規定が憲法に違反するとされながらいわゆる事情判決の法理に従つた処理がされた場合には、そこではその後右規定につき国会による是正がされることの期待の下に、この是正の可能性の存在と、右規定改正の審議については当該違法とされた選挙に基づいて当選した議員も参加してこれを行うことが妥当であると考えられることなどが比較衡量上の重要な要素とされていたものと推察されるから、**右判決後も相当期間かかる改正がされることなく漫然と放置されている**等、**国会による自発的是正の可能性が乏しい**とみられるような状況の下で更に新たに選挙が行われたような場合を想定すると、その選挙の効力が争われる訴訟において、選挙権の平等に対する侵害の是正の必要性がもはや選挙を無効とすることによつて生ずべき不利益よりも優越するに至つているものとして、当該請求を認容し、**選挙無効の判決をすべきものとされる可能性は十分にあると思われる**（このような無効判決は、国会に対して**立法改正を間接的に強制する効力**をもつが、もとよりそのゆえをもつてそれが司法権の限界を超えて国会の立法活動に介入するというにはあたらないであろう。）。少なくとも、私はそう考える。

　以上の次第で、私は、多数意見と異なり、**本件選挙を違法とした原判決は結論において正当**であつて、本件上告は理由がないから、これを棄却すべきものと考える。」（強調　引用者）

36）**横井大三**判事　**反対意見**（ただし、**事情判決**）　昭和58年大法廷判決（衆）民集37巻9号1287～1288、1291頁：

「　私は、多数意見中、本件選挙に適用される昭和五〇年改正法による衆議院議員定数配分規定（以下「本件議員定数配分規定」という。）がその改正当時違憲でな

かつたとする点には賛成できない。したがつて、選挙区間における議員一人当たりの人口の較差が更に大幅なものとなつた**本件選挙当時においては同規定の違憲であることはいうまでもない**。しかし、それにより選挙の効力を無効とし、当選した議員の地位を失わせることは相当でないので、選挙を無効とすることを求める被上告人の請求は、これを棄却すべきものと考える。その理由を多数意見との関連において述べれば、以下の通りである。」

「　私は、この種の事件につき議員定数配分規定を全体として違憲とする場合、常にいわゆる**事情判決の法理**に従つた処理をせざるをえないと考えるのである。」（強調　引用者）

37）**谷口正孝**判事　**反対意見**（ただし、**違法宣言**）　昭和58年大法廷判決（衆）民集37巻 9 号1297頁：

「　私は、この点については、多数意見の引用する昭和五一年四月一四日の大法廷判決の趣旨に従い、行政事件訴訟法三一条一項のいわゆる事情判決の制度の基礎にある一般的な法の基本原則を適用すべきものと思う。けだし、本件のような議員定数配分規定の違憲を理由とする選挙の効力に関する訴訟においては、右選挙において選挙人の**基本的人権の一つである選挙権が制約されていることによる不利益**と**右選挙を無効とする判決をすることによつて憲法の所期しない結果が現出することのもたらす不利益**とを比較衡量した上で、後者が前者を上回ると認められるときは、右の一般的な法の基本原則の適用により、選挙を無効とすることによる不当な結果を回避する必要があると考えるからである。加えて、議員定数配分規定の違憲無効を理由とする選挙の効力に関する訴訟を公職選挙法二〇四条の規定に基づいて提起しうることが最高裁判所によつて認められてから日が浅い上、最高裁判所において昭和五〇年法律第六三号による改正後の議員定数配分規定が憲法に違反するかどうかの判断が求められたのは本件が初めてであること等の事情を考慮するときは、本件においても、前記大法廷判決における場合と同様に、いわゆる**事情判決の法理**に従い、**主文**において当該選挙区における**本件選挙の違法を宣言する**にとどめ、右選挙の無効を求める請求は棄却するのが相当であると考える。」（強調　引用者）

38）**木戸口久治**判事　**反対意見**（ただし、**違法宣言**）　昭和58年大法廷判決（衆）民集37巻 9 号1300～1301頁：

「　しかるに、右改正法公布後本件選挙までの**約五年の間**、あるいは同法施行後本件選挙までの約三年半の間、投票価値の不平等状態を是正するためのなんらの措置が講じられていない。このような事情に照らすと、私は、本件選挙当時、**議員定数配分規定は、憲法上要求される合理的期間内における是正がされなかつたものとして、右規定全体を違憲と断定すべきであると考える**。」（強調　引用者）

「　私も、右大法廷判決の一般的見解を相当と考えるものである。そして、本件の場合における右法理の適用についてみるのに、本件選挙当時の議員定数配分規定の下における憲法に違反する投票価値の不平等の程度及びその状態が継続している期間等は前記大法廷判決において問題とされた選挙の当時の議員定数配分規定の下におけるそれを超えるものではないことを考慮すると、私は、本件においても、選挙権の平等に対する侵害を排除する**必要性の程度**に比し、選挙を**無効とすることによつて生ずる公の不利益を回避すべき要請**が強いものと考えるので、前記大法廷判決の場合と同様に、主文において当該選挙区における**本件選挙の違法を宣言する**にとどめ、右選挙の無効を求める請求は棄却すべきものとするのが相当であると考える。」（強調　引用者）

39）**安岡満彦**判事　**反対意見**（ただし、**違法宣言**）　昭和58年大法廷判決（衆）民集37

巻9号1303〜1304頁：

「　以上によれば、本件議員定数配分規定は、右改正当時、既に選挙人の投票の有する価値において**一対三を超える較差**を包蔵するものであつたといわなければならず、右較差が示す投票価値の不平等は、多数意見にいう国会の合理的裁量の限界を超えていると推定される場合にあたり、これを正当化すべき特段の理由も見出せないので、憲法違反と判断せざるをえないものというべきである。」（強調　引用者）

「　以上に述べたとおり、本件議員定数配分規定はつき改正当時既に違憲であるとした**原判決**の判断は正当であり、これを前提として、いわゆる**事情判決の法理**に従い、**当該選挙区における本件選挙の違法であることを宣言**するにとどめ、右選挙の無効を求める請求を棄却した原判決は、すべて正当として是認すべきものと考える。したがつて、本件上告は、棄却すべきである。」（強調　引用者）

⑩　**【昭和51（1976）.4.14大法廷判決（衆）】**

40）　**5判事　反対意見**（ただし、千葉1区のみ、将来に向けて無効）（岡原昌男　下田武三　江里口清雄　大塚喜一郎　吉田豊）　昭和51年大法廷判決（衆）民集30巻3号263〜265頁：

「　(2)　仮に、多数意見の説くように、本件議員定数配分規定を全体として違憲の瑕疵を帯びるものと解しても、本件選挙を無効とする判決は、千葉県第一区選出の議員の資格を将来に向つて失わせる効力をもつだけであつて、他の選挙区選出の議員の資格に影響を及ぼすものではない。もとより、千葉県第一区について憲法に適合する選挙が実現するためには、本件議員定数配分規定の改正にまたなければならないが、多数意見の憂えるように、全国における他の選挙区の選挙について選挙無効の訴訟が提起され、これを無効とする判決がされることがありうるとしても、それだけで直ちに、衆議院の活動が不可能になり、本件議員定数配分規定を憲法に適合するように改正することができなくなるわけのものではない。本件選挙を無効とする判決によつて千葉県第一区選出の議員がその資格を失うことになれば、残りの議員だけでは衆議院の定足数を欠く可能性があるという具体的事情が本件訴訟において明らかにされない以上、衆議院の活動が法律上不可能になる虞れがあるとはいえない。また、衆議院の活動が選挙を無効とされた千葉県第一区からの選出議員を得ることができないままの状態で行われざるをえないことは、憲法上望ましい姿ではないが、これを異常な事態として、そのためにも本件選挙を無効とすべきではないとする多数意見が当をえないことは、既に述べたところによつて明らかである。要するに、本件議員定数配分規定を全体として違憲であると解するとしても、本件選挙を無効とする判決によつては、直ちに憲法の所期しない結果を生ずることにはならず、したがつて、本件選挙の効力について事情判決の法理を適用する必要はないのであるから、本件選挙は違法であるがこれを無効とすべきではないとする多数意見の結論には同調することができない。多数意見が本件選挙を無効とする判決によつて憲法の所期しない結果を生ずることを危惧せざるをえないとするのは、ひつきよう、本件議員定数配分規定全体を違憲と考えることに由来するものと思われるのである。

　(3)　多数意見は、その説くような事情のために、投票価値の最大最小の偏差が約五対一に達するような違憲の議員定数配分規定に基づく選挙であつても、事情判決の法理によつて選挙を無効とすることはできないとするのであるから、多数意見によれば、今後投票価値に右の程度の偏差を生じても、選挙を無効とすることにはならないであろうし、また、その偏差が右の程度を超えたとしても事情判決をすべき事情は依然として解消しないのである。多数意見は選挙無効の判決をなしうる理論

上の余地を残しているが、果して如何なる場合を予想するのであろうか。これらの不合理は、すべて議員定数配分規定を一体不可分と解したために生じたものとしか考えられない。

　以上は多数意見に対する疑問であるが、われわれの考え方からすれば、<u>憲法九八条はその文言のとおりに適用すべきこととなるので、これについて多数意見のような複雑な論理を展開する必要もなく、また、行訴法三一条及び同条と公選法二一九条との関係の問題も生じないので、これらについて難解な説示をしないでも済むのである。</u>**そして選挙無効の判決をしても、それは性質上いわゆる当然無効として過去にその効力が遡ると解すべきものではなく、将来に向つて形成的な効力をもつに過ぎないのである**から、法律的にもさほど困難な問題を生ずることはなく、また、社会的、政治的にも著しい混乱を来すこととはならないのである。

　六　以上のような次第で、本件議員定数配分規定は、千葉県第一区に関する限り違憲無効であつて、これに基づく同選挙区の本件選挙もまた、無効とすべきものである。したがつて、本件上告は理由があり、これと見解を異にする原判決を破棄し、本件選挙の無効を求める上告人の本訴請求を認容すべきものと考える。」（強調　引用者）

41）**岸盛一**判事　**反対意見**（ただし、千葉1区の選挙は、**無効**。ただし、当選した4議員については、議員の地位を維持。）　昭和51年大法廷判決（衆）民集30巻3号273～274頁：

「　三　本件についてみるのに、当事者間に争のない原判決添付の一覧表の記載による各選挙区の議員定数、議員一人あたりの選挙人数に基づいて、最上限の議員定数三名の兵庫県第五区の投票価値を一として各選挙区の投票価値を、その高い選挙区から順位を追つて順次その低い選挙区ごとに相対的に比較するに、議員定数各三名の鹿児島県第三区、石川県第二区の投票価値はそれぞれ〇・九七、〇・九三であるのに対し、議員定数四名の**千葉県第一区のそれは〇・二一**にすぎないことが明らかである。私は、議員定数配分における投票価値の不平等と違憲性の問題に関する多数意見の一般的見解にはおおむね賛同するものであり、その説く基準に照らして右の投票価値の開きをみるときは、本件選挙当時、千葉県第一区への定数配分は、憲法上選挙権の平等の要求に反する過少な定数配分として**違憲**とされることを免れないものであつたと考える。それ故、上述した見解に従つて本件を処理するときは次のようになる。すなわち、本件配分規定のうち、千葉県第一区に関する部分は、**その定数配分が過少に限定されている点**において、かつ、**その限度で違憲**なのであるから、前述したところに従い、同区の選挙は右の違憲な配分規定に基づく選挙として違法であり、**無効とされるべきもの**であるが、当選人四名の選挙に関する限りは、その結果としての当選の効力を維持すべきであり、したがつて、本件**千葉県第一区の選挙を無効とするとともに、右選挙によつて当選した当選人らは当選を失わない旨の判決をすべきである**。それ故、右と異なる見解の下に右選挙を適法とし上告人の請求を棄却した原判決には、憲法の解釈、適用を誤つた違法があり、本件上告はその限りにおいて理由があるから、原判決を変更して右趣旨の判決をすべきである。」（強調　引用者）

① 【平成29（2017）.9.27大法廷判決（参）】

42）**鬼丸かおる**判事　**反対意見**（ただし、**違法宣言／人口比例選挙**）　平成29年大法廷判決（参）民集71巻7号1162、1165～1166頁：

「　1　憲法は，参議院議員の選挙においても，衆議院議員の選挙と同様に，国民の投票価値につき，できる限り**1対1**に近い平等を基本的に保障していると考え

る。」（強調　引用者）

「　5　上記の帰結として，本件選挙を無効とする結論が考えられるところである。従前の公職選挙法の一部改正法の附則にも，次回選挙までに選挙制度の抜本的な見直しについて引き続き検討を行い結論を得る旨の条項がありながらその実現がされなかったという過去の経緯や，仮に本件選挙は無効という結論を採っても，**本件選挙によって選出された議員だけが議席を失うのであって参議院の機能は失われることがないから公の利益に著しい障害を直ちに生じさせないこと等を考えると，本件選挙を全部無効とする結論も採り得る**と考える。

　しかしながら，**平成27年改正法附則7条は**，これまでの公職選挙法の一部改正法に付された附則の文言に比べ**格段に強い決意**を「平成31年に行われる参議院議員の通常選挙に向けて，参議院の在り方を踏まえて，選挙区間における議員1人当たりの人口の較差の是正等を考慮しつつ**選挙制度の抜本的な見直しについて引き続き検討を行い，必ず結論を得るものとする。**」と規定して表明していることからすれば，国会において違憲状態の解消のための努力が今後も継続され，平成31年の参議院議員通常選挙までには必ず投票価値の等価を基本とした**抜本的な見直しがされることが強く期待される**。そうであれば，本件選挙は違法というべきであるが，**司法が直ちに選挙無効の結論を出すのではなく，まず国会自らが平成31年には必ず結論を得る旨を確約した是正の結果について司法が検証するということが，憲法の予定する立法権と司法権の関係に沿うものと考えるものである。

　以上のことから，本件定数配分規定は違憲であるが，いわゆる**事情判決の法理**により請求を棄却した上で，本件選挙は**違法**であることを**宣言**すべきであると考えるものである。」（強調　引用者）

43）**山本庸幸判事　反対意見**（ただし，平均値を1として，較差が2割を超える選挙は，**違憲無効／人口比例選挙**）平成29年大法廷判決（参）民集71巻7号1168～1169，1170～1173頁：

「　したがって，私は，現在の国政選挙の選挙制度において法の下の平等を貫くためには，一票の価値の較差など生じさせることなく，どの選挙区においても投票の価値を比較すれば1．0となるのが原則であると考える。その意味において，これは国政選挙における唯一かつ絶対的な基準といって差し支えない。ただし，人口の急激な移動や技術的理由などの区割りの都合によっては1～2割程度の一票の価値の較差が生ずるのはやむを得ないと考えるが，それでもその場合に許容されるのは，せいぜい2割程度の較差にとどまるべきであり，**これ以上の一票の価値の較差が生ずるような選挙制度は法の下の平等の規定に反し，違憲かつ無効である**と考える。

　　3　平等な選挙制度の要請は参議院も同じ

　他方，憲法上，内閣が解散権を有する衆議院に比べると，3年に一度の選挙が規定されている参議院の特殊性からすれば，参議院の場合には一票の価値の較差がある程度生ずるのはやむを得ないとする考え方もあり得ないわけではない。しかしながら，参議院も衆議院並みに政党化が進んでいるほか，一時はいわゆる「ねじれ国会」すなわち衆議院における多数派と参議院における多数派とが異なる国会の状況が続いたことがあり，その間は憲法上，衆議院は参議院に優越する規定があるものの，**実際にはそれとは逆に参議院が国政の鍵を事実上握るような事態が見受けられたのは周知の事実である**。こうした経験を踏まえれば，国政における参議院の重要性が再認識されたわけである。そうであれば，参議院の拠って立つ選挙制度も衆議院の場合と同様，代表民主制にふさわしく，一票の価値の較差が生じないようにするべきであると考える。」（強調　引用者）

「 (3) 無効な選挙で選出された議員の身分

　次に，先ほどの二つの問題のうち，第二の「判決により無効とされた選挙に基づいて選出された議員の身分の取扱い」については，参議院の場合，本件のように全選挙区が訴訟の対象とされているときは，その無効とされた選挙において一票の価値（各選挙区の有権者数の合計を各選挙区の議員定数の合計で除して得られた**全国平均の有権者数**をもって各選挙区の議員一人当たりの有権者数を除して得られた数。以下同じ。）が**0.8を下回る**選挙区から選出された議員は，全てその身分を失うものと解すべきである。なぜなら，一票の価値が許容限度の0.8より低い選挙区から選出された議員がその身分を維持しつつ他の選挙区の議員と同様に国会の本会議や委員会において議事に加わることは，そもそも許されないと解されるからである。ちなみにそれ以外の選挙区から選出された議員については，選挙は無効になるものの，議員の身分は継続し，引き続きその任期終了までは参議院議員であり続けることができる。参議院議員は3年ごとにその半数が改選される（憲法46条）ので，このように解することにより，参議院はその機能を停止せずに活動することができるだけでなく，必要な場合には緊急集会の開催も可能である（注1）（注2）。

　　（注1）　平成28年9月2日現在の選挙人名簿登録者（在外を含む。）の参議院選挙区選出議員の定数146人中，一票の価値が0.8を下回る選挙区の定数は，試算によると38人（今回の平成28年7月10日に施行された参議院議員通常選挙に限って言えば，参議院選挙区選出議員の定数73人中，一票の価値が0.8を下回る選挙区の定数は，試算によると19人）であり，これらの議員が欠けたとしても，院の構成には特段の影響はないものと考えられる。

　　（注2）　他方，衆議院の場合，選挙無効の判決がされると，訴訟の対象とされた選挙区から選出された議員のうち，同じく一票の価値が0.8を下回る選挙区から選出された議員は，全てその身分を失うが，それ以外の選挙区から選出された議員は，選挙は無効になるものの，議員の身分は継続し，引き続きその任期終了又は解散までは衆議院議員であり続けることができる。このように解することによって，衆議院は経過的に，一票の価値が0.8以上の選挙区から選出された議員及び訴訟の対象とされなかった選挙区がある場合にあってはその選挙区から選出された議員のみによって構成されることになり，これらの議員によって構成される院で，一票の価値の平等を実現する新しい選挙区の区割り等を定める法律を定めるべきである。仮にこれらの議員によっては院の構成ができないときは，衆議院が解散されたとき（憲法54条）に準じて，内閣が求めて参議院の緊急集会を開催し，同緊急集会においてその新しい選挙区の区割り等を定める法律を定め，とれに基づいて次の衆議院議員選挙を行うべきものと解される。

5　一票の価値の平等を実現する選挙制度

　なお，一票の価値の平等を実現するための具体的な選挙区の定め方に関しては，もとより新しい選挙区の在り方や定数を定める法律を定める際に国会において十分に議論されるべき事柄であるが，都道府県又はこれを細分化した市町村その他の行政区画などを基本単位としていては，策定が非常に困難か，事実上不可能という結果となることが懸念される。その最大の障害となっているのは**都道府県**であり，また，これを細分化した市町村その他の行政区画などもその大きな障害となり得るものと考えられる。

したがって，これらは，もはや基本単位として取り扱うべきではなく，細分化するにしても例えば**投票所単位など更に細分化するか**，又は細分化とは全く逆の発想で**全国を単一若しくは大まかなブロックに分けて**選挙区及び定数を設定するか，そのいずれかでなければ，一票の価値の平等を実現することはできないのではないかと考える。」（強調　引用者）

② 【平成26（2014）.11.26大法廷判決（参）】

44）**5判事　補足意見**（違憲状態の選挙で選出された議員は，国会活動をすることの**正統性を欠く**）（櫻井龍子　金築誠志　岡部喜代子　山浦善樹　山﨑敏充）　平成26年大法廷判決（参）民集68巻9号1383頁：

「　しかし，投票価値の不均衡の是正は，**議会制民主主義の根幹に関わり，国権の最高機関としての国会の活動の正統性を支える基本的な条件に関わる極めて重要な問題**であって，違憲状態を解消して民意を適正に反映する選挙制度を構築することは，国民全体のために優先して取り組むべき喫緊の課題というべきでものである。」（強調　引用者）

45）**山本庸幸判事　反対意見**（ただし，平均値を1として，較差が2割を超える選挙は，**違憲無効／人口比例選挙**）　平成26年大法廷判決（参）民集68巻9号1418，1419～1422頁：

「　したがって，私は，現在の国政選挙の選挙制度において法の下の平等を貫くためには，一票の価値の較差など生じさせることなく，どの選挙区においても投票の価値を比較すれば**1.0となるのが原則である**と考える。その意味において，これは国政選挙における唯一かつ絶対的な基準といって差し支えない。」（強調　引用者）

「　4　さきに述べたように一票の価値について原則は1．0であるが例外的に2割程度の較差が生ずることはやむを得ないものの，これを超えた場合には当該選挙は無効になると考える次第であるが，その場合，**第一に**「判決により無効とされた選挙に基づいて選出された議員によって構成された参議院又は衆議院が既に行った議決等の効力」及び**第二に**「判決により無効とされた選挙に基づいて選出された議員の身分の取扱い」の二つが主に問題となる。このような場合，いわゆる事情判決の法理を用いて，当該「選挙が憲法に違反する公職選挙法の選挙区及び議員定数の定めに基づいて行われたことにより違法な場合であっても，それを理由として選挙を無効とする判決をすることによって直ちに違憲状態が是正されるわけではなく，かえって憲法の所期するところに必ずしも適合しない結果を生ずる判示のような事情などがあるときは，行政事件訴訟法31条1項の基礎に含まれている一般的な法の基本原則に従い，選挙を無効とする旨の判決を求める請求を棄却するとともに当該選挙が違法である旨を主文で宣言すべきである。」（最高裁昭和49年（行ツ）第75号同51年4月14日大法廷判決・民集30巻3号223頁の判決要旨）とする考え方がある。しかし，国政選挙という代表民主制を支える最も重要な制度の合憲性が争われる争訟において，裁判所がこれを違憲と判断しながら当該選挙を無効とせずに単に違法の宣言にとどめるということが，法律上の明文の根拠もなく許されるものであるかどうか，私には甚だ疑問に思えてならない。現にこれまでの経緯を振り返ると，選挙区の区割りや定数に関する幾たびかの法改正や国会における検討を経てもなお，一票の価値の平等という代表民主制を支える根幹の原理が守られておらず，その改善は遅々として進まないという状況にあって，選挙制度の憲法への適合性を守るべき立場にある裁判所としては，**違憲であることを明確に判断した以上はこれを無効とすべきであり**，そうした場合に生じ得る問題については，経過的にいかに取り扱うかを同時に決定する権限を有するものと考える。

例えば，先ほどの二つの問題のうち，**第一**の「判決により無効とされた選挙に基づいて選出された議員によって構成された参議院又は衆議院が既に行った議決等の効力」については，それが判決前にされた議決等であれば，裁判所による**選挙無効の判決の効力は将来に向かってのみ発生し**，過去に遡及するものではないから，当該議決等の効力に影響を及ぼす余地はなく，当該議決は当然に有効なものとして存続することとなることは，いうまでもない。それに加えて，判決後においても，裁判所による選挙無効の判断を受けて一票の価値の平等を実現する新たな選挙制度が制定されこれに基づく選挙が行われて選出された議員で構成される参議院又は衆議院が成立するまでの間を含めて，後述のとおり一定数の身分の継続する議員で構成される院により議決等を有効に行うことが可能となるので，その点で国政に混乱が生ずる余地はない。また仮に，判決の直後に判決前と同じ構成の院が議決等を行ったとしても，国政の混乱を避けるために，当該議決等を有効なものとして扱うべきである。

　次に，先ほどの二つの問題のうち，**第二**の「判決により無効とされた選挙に基づいて選出された議員の身分の取扱い」については，参議院の場合，本件のように全選挙区が訴訟の対象とされているときは，その無効とされた選挙において一票の価値（各選挙区の有権者数の合計を各選挙区の定数の合計で除して得られた全国平均の有権者数をもって各選挙区の議員一人当たりの有権者数を除して得られた数。以下同じ。）が0.8を下回る選挙区から選出された議員は，全てその身分を失うものと解すべきである。なぜなら，一票の価値が許容限度の０．８より低い選挙区から選出された議員がその身分を維持しつつ他の選挙区の議員と同様に国会の本会議や委員会において議事に加わることは，そもそも許されないと解されるからである。ちなみにそれ以外の選挙区から選出された議員については，選挙は無効になるものの，議員の身分は継続し，引き続きその任期終了までは参議院議員であり続けることができる。参議院議員は３年ごとにその半数が改選される（憲法46条）ので，このように解することにより，参議院はその機能を停止せずに活動することができるだけでなく，必要な場合には緊急集会の開催も可能である（注１）（注２）。

（注１）平成25年９月２日現在の選挙人名簿登録者（在外を含む。）の参議院選挙区選出議員の定数146人中，一票の価値が0.8を下回る選挙区の定数は，試算によると50人余であり，これらの議員が欠けたとしても，院の構成には特段の影響はないものと考えられる。

（注２）他方，衆議院の場合，選挙無効の判決がされると，訴訟の対象とされた選挙区から選出された議員のうち，同じく一票の価値が0.8を下回る選挙区から選出された議員は，全てその身分を失うが，それ以外の選挙区から選出された議員は，選挙は無効になるものの，議員の身分は継続し，引き続きその任期終了又は解散までは衆議院議員であり続けることができる。このように解することによって，衆議院は経過的に，一票の価値が0.8以上の選挙区から選出された議員及び訴訟の対象とされなかった選挙区がある場合にあってはその選挙区から選出された議員のみによって構成されることになり，これらの議員によって構成される院で，一票の価値の平等を実現する新しい選挙区の区割り等を定める法律を定めるべきである。仮にこれらの議員によっては院の構成ができないときは，衆議院が解散されたとき（憲法54条）に準じて，内閣が求めて参議院の緊急集会を開催し，同緊急集会においてその新しい選挙区の区割り等を定める法律を定め，これに基づいて次の衆議院議員選挙を行うべきものと解される。

　なお，一票の価値の平等を実現するための具体的な選挙区の定め方に関しては，

もとより新しい選挙区の在り方や定数を定める法律を定める際に国会において十分に議論されるべき事柄であるが，都道府県又はこれを細分化した市町村その他の行政区画などを基本単位としていては，策定が非常に困難か，事実上不可能という結果となることが懸念される。その最大の障害となっているのは**都道府県**であり，また，これを細分化した**市町村その他の行政区画など**もその大きな障害となり得るものと考えられる。したがって，**これらは，もはや基本単位として取り扱うべきではなく，細分化するにしても例えば投票所単位など更に細分化するか，又は細分化とは全く逆の発想で全国を単一若しくは大まかなブロックに分けて選挙区及び定数を設定するか，そのいずれかでなければ，一票の価値の平等を実現することはできない**のではないかと考える。」（強調　引用者）

46）**鬼丸かおる**判事　**反対意見**（ただし，**違法宣言／人口比例選挙**）　平成26年大法廷判決（参）民集68巻9号1396，1404～1405頁：

「　参議院議員の選挙においても，衆議院議員の選挙と同様に，国民の投票価値につき，憲法はできる限り**1対1**に近い平等を基本的に保障しているというべきである。その理由は次のとおりである。」（強調　引用者）

「　イ　しかし一方，平成24年大法廷判決を受け，国会においては，平成28年の参議院議員通常選挙に向けて，参議院選挙制度の**抜本的見直しについて引き続き検討を行い結論を得るものとすると平成24年改正法の附則に明記して，**この旨を国民に**約しており，**この自らの言に基づいて参議院選挙制度の抜本的見直しの検討が続けられているところである。もはや当面の手直しとしか評価されないような法改正が許容される状況にないことは，国会が上記の附則に記したとおり明らかであり，過去には国会内でも投票価値の等価を基本にした改正案が検討された経緯もあることからすれば，本判決の指摘も受けて，**平成24年改正法の附則の定め**に従い，平成28年の参議院議員通常選挙までに，国会において投票価値の等価を原則とした是正策が採られる可能性がある状況にあるといえる。両院の議員定数や選挙区，投票方法等の選挙に関する事項を決する権限は立法府に専権的に属するのであり，参議院議員にとっては，自らを国民の代表者であるとする正統性の基盤が危ぶまれる状態に陥っているのであるから，自ら早急に法改正を実現し，代表者としての正統性を取り戻すことが重大な責務であることは明らかである。したがって，今回，**違憲の結論を採るに当たっては，**憲法の予定する立法権と司法権の関係に鑑み，司法が**直ちに選挙を無効とするとの結論を出すのではなく，まず国会自らによる是正の責務の内容及びこれを速やかに実現する必要性を明確に示すことが相当であると思料される。**そして，今後の進捗の状況等を注視し，その是正が速やかに行われない場合には，司法が選挙の効力に関して**上記の結論につき決する新たな段階に歩を進める**のが相当であろう。

　以上のことから，本件については，選挙を無効とすることなく，本件選挙は**違法であると宣言することにとどめるのが相当である**との結論を採るものである。」（強調　引用者）

47）**木内道祥**判事　**反対意見**（ただし，**違法宣言／2倍説**）　平成26年大法廷判決（参）民集68巻9号1414～1416頁：

「　4　選挙無効といわゆる事情判決の法理

　平成25年大法廷判決は，平成24年12月16日施行の衆議院議員総選挙の選挙区割規定の合憲性についてのものであるが，そこでの私の反対意見において「一般に，どの範囲で選挙を無効とするかは，前述のように，憲法によって司法権に委ねられた範囲内において裁判所が定めることができると考えられるのであるから，従来の判

例に従って、区割規定が違憲とされるのは選挙区ごとではなく全体についてである
と解しても、裁判所が選挙を無効とするか否かの判断をその侵害の程度やその回復
の必要性等に応じた裁量的なものと捉えれば、訴訟の対象とされた全ての選挙区の
選挙を無効とするのではなく、裁判所が選挙を無効とする選挙区をその中で投票価
値平等の侵害のごく著しいものに限定し、衆議院としての機能が不全となる事態を
回避することは可能であると解すべきである。」と述べた。」（強調　引用者）

　　　「議員一人当たりの選挙人数の少ない選挙区の順に選挙無効とする場合、どの選
挙区までを無効とするかは、憲法によって司法権に委ねられた範囲内において、
この訴訟を認めた目的と必要に応じて、裁判所がこれを定めることができるものであ
る（昭和60年大法廷判決の4名の裁判官の補足意見参照）。**議員一人当たりの選挙
人数が少ない選挙区からその少ない順位に従って裁判所が選挙を無効とする選挙区
をどれだけ選定すべきかの規律は**、選挙を無効とされない選挙区の間における投票
価値の較差の程度を最も重要なメルクマールとすべきと思われるが、この規律は、
いまだ熟しているということはできない。

　　　そこで、本件選挙については、一部の選挙区の選挙のみを無効とすることは控え
ることとし、全ての選挙区の選挙について**違法を宣言する**にとどめることとするの
が相当である。」（強調　引用者）

48) **大橋正春判事　反対意見**（ただし、**違法宣言**）　平成26年大法廷判決（参）民集68
巻9号1395～1396頁：

　　　「投票価値の不平等が、かくも広く長期にわたって改善されない現状は、事情判決
を契機として、国会によって較差の解消のための作業が行われるであろうという期
待は、**百年河清を待つに等しいといえる。」（平成16年大法廷判決の深澤武久裁判官
の追加反対意見）**との指摘について、私としても同感するところが少なくなく、本
件においては、少なくとも較差が4倍を超える6つの選挙区については選挙を無効
とすべきではないかとも考えるところである。しかしながら、民主主義は本来的に
非効率的な面を有する制度であることや、一部の選挙区についてのみ選挙を無効と
することができるという考え方についてはいまだ十分な議論がなされていないこと、
参議院において現在も一定の改正作業が進行しており、今後の情勢は不透明ではあ
るが、選挙制度協議会において当審判決を前提に較差を2倍未満とする座長案が提
案されるなど、少なくとも国会の中にも当審がこれまでの判決に込めたメッセー
ジを受け止めてこれに対応しようと努力する動きがあることなどに照らすと、現時点
で直ちに国会の自主的判断による是正の実現は期待できないと断ずるのは早すぎる
と考える。**平成24年改正法が附則において平成28年に施行される通常選挙に向けて
選挙制度の抜本的な見直しについて結論を得る旨明記して国会が改革を実現する意
思を自ら公に示していると理解できること**、主権者である国民がその様々な政治上
の権能を行使して国会にその改革を実現するよう働きかけることが期待できること
等を考慮し、本件においては選挙を無効としないことを選択するのが相当であると
考える。

　　　4　以上により、私は、本件定数配分規定は、本件選挙当時、違憲であり、いわ
ゆる事情判決の法理により、請求を棄却した上で、**主文において本件選挙が違法で
ある旨を宣言すべきである**と考える。」（強調　引用者）

③ **【平成24（2012).10.17大法廷判決（参）】**

49) **田原睦夫判事　反対意見**（ただし、**違法宣言**。将来、是正なき場合は、**選挙無効と
なるとの警告付**）　平成24年大法廷判決（参）民集66巻10号3405～3406頁：

　　　「　8　まとめ

以上検討したとおり、何らの合理的理由もなく選挙区間における投票価値が４倍を超えるという違憲状態が長期間に亘って継続し、かつ、その解消のための選挙制度の**抜本的改正の必要性**が最高裁判所大法廷判決によって繰り返し指摘されてきたにもかかわらず、その改正作業に着手することなく施行された本件選挙は、憲法に反する違法な選挙制度の下で施行されたものとして**違法**であるといわざるを得ない。そして、前回選挙以後も抜本的な選挙制度改革についての具体的な提案が国会に上程されるに至っていないという国会の著しい怠慢は座視するに忍びず、前回の選挙について事情判決によるべきであるとする意見と異なり、本件選挙については**選挙無効の判決**をなすべきではないかとも思慮される。

　しかし、本件選挙が平成21年大法廷判決から９か月余で施行されたこと、本件選挙に先立って参議院議長の諮問機関である参議院改革協議会の下に設けられた専門委員会において、平成22年５月に制度改革の工程表が示され、平成23年中に参議院議員改革の公職選挙法改正案を国会に上程することが定められるなど参議院選挙制度改革に向けた具体的な方針が提示されていた等の諸事情を考慮すれば、本件選挙については、なお**事情判決**の法理によって処理するのも已むを得ないものと思料する。

　なお、７項で述べたとおり、本件選挙以後の参議院議員選挙制度改革に向けた国会の動きは余りに緩慢であり、本件選挙前に目標とされた平成23年中に参議院議員選挙の抜本的改革を内容とする公職選挙法の改正案は上程されぬままに終わり、前述の平成25年参議院議員通常選挙までに上記改革を内容とする選挙制度の改正法案を提出することを目途とするとの**工程表は完全に反故**にされ、同通常選挙は**上記の４増４減**という当面の弥縫策を施した上での現行法の枠組みで実施することが提案されている。

　しかし、憲法違反の状態を放置し、司法からの繰り返しての警鐘に対しても何ら真正面から応答しない国会の姿勢をそのまま放置することは、到底認められるものではない。もし平成25年参議院議員通常選挙が**上記のとおりの当面の弥縫策**（選挙区間の議員１人当たりの最大較差１対4.75）を施した上で、現行法の枠組みの下で行われるならば、当審として**選挙無効**の判断をもって対処すべきものと考える。」
（強調　引用者）

50) **須藤正彦判事　反対意見**（ただし、**違法宣言／２倍前後説**。是正なき場合は、**無効判決**もあり得るとの**警告付**）　平成24年大法廷判決（参）民集66巻10号3411、3420頁：

「　もっとも、そのような専門的意見も、反映されるべき長期的かつ総合的な視点からの専門的意見、あるいは多角的な又は少数者ないし弱者に関わる多くの意見のうちの限定された一部にしかすぎないから、参議院の独自性の一内容としての地域的特性への配慮ということは、投票価値の平等に譲歩を求めるに当たって決して大きくは評価できないというべきであり、しかも、前記のとおり、その譲歩は最小限度にとどめられなければならないから、そのことよりすると、**１対２前後程度**の最大較差が考えられ得る許容範囲ということになろう（なお、衆議院議員選挙区画定審議会設置法３条１項参照）。」（強調　引用者）

「　(2)　ただし、本件選挙については、前記のとおり、平成18年改正時において、平成19年選挙と本件選挙とが「当面の措置」との位置付けがなされ、本件選挙でそれが「完了」することと観念されていたということが看取されることから、その事情を斟酌し、いわゆる**事情判決**の法理を適用して**違法宣言**にとどめることが相当である。

　(3)　**しかしながら、平成25年選挙に至ってもなお現状のままで選挙制度の枠組**

みの改変について見るべき取組も見いだされない状態であるならば、同選挙における選挙無効訴訟の提起された選挙区の選出議員の選挙に限っては**無効**とせざるを得ないというべきである。この場合、参議院は、同選挙におけるその余の選挙区選出議員、非改選の選挙区選出議員及び比例区選出議員のみによって審議がなされるということが避けられないことになる。」（強調　引用者）

51）大橋正春判事　反対意見（ただし、**違法宣言／2倍説**。是正なき場合は、**無効判決**もあり得るとの**警告付**）平成24年大法廷判決（参）民集66巻10号3424〜3428頁：

「　投票価値の較差については、その限度を2倍とする見解が有力であるが、**2倍**に達しない較差であっても、これを合理化できる理由が存在しないならば違憲となり得る反面、これを合理化できる十分な理由があれば、2倍を超える較差が合理的裁量の範囲内とされることもあり得ると考えられる（昭和22年2月公布の参議院議員選挙法（昭和22年法律第11号）による定数配分の最大較差は1対2.62であったが、憲法が昭和21年11月3日公布された直後の状況において、選挙権の意義及び投票価値の平等の重要性に対する認識がいまだ十分に浸透していなかった状況の下で、かつ短期間に制定されたのであり、スタートとしては、やむを得ないものであったという意味で合理的裁量の範囲内にあったと理解されるが、そのことから常に1対2.62以内の較差が憲法上許容されているということにはならない。）から、2倍は理論的、絶対的な基準とまではいえないように思われる。しかし、**2倍という数値は、常識的で分かりやすい基準**であり、国会議員選挙における投票価値の平等といった、全国民に関係する、国政の基本に関わる事柄について、基準の分かりやすさは重要であるから、著しい不平等かどうかを判定する際の目安としては重視すべきであると考える（平成21年大法廷判決金築誠志裁判官補足意見参照）。」（強調　引用者）

「　事情判決の法理の適用については、定形的に請求棄却の事情判決を繰り返すほかはないとの見解があるが正当ではなく、具体的事情のいかんによっては**当該選挙を無効とする判決の可能性があることが前提となっている**と理解すべきである。こうした例としては、議員定数配分規定が憲法に違反するとされながらいわゆる事情判決の法理に従った処理をされた場合には、そこではその後当該規定につき立法府による是正がされることの期待の下に、この是正の可能性の存在と、当該規定改正の審議については当該違法とされた選挙に基づいて当選した議員も参加してこれを行うことが妥当であると考えられることなどが比較衡量上の重要な要素とされていたものと推察されるから、同判決後も相当期間かかる改正がされることなく漫然と放置されている等、立法府による自発的是正の可能性が乏しいとみられるような状況の下で更に新たに選挙が行われたような場合が想定される（最高裁昭和56年（行ツ）第57号**同58年11月7日大法廷判決**・民集37巻9号1243頁の**中村治朗裁判官反対意見参照**）。

　ただし、上に述べたことは、ひとたび事情判決がなされた場合には、同一の定数配分規定による選挙については再度の事情判決が許されないということではない。例えば、事情判決が出された後、短期間の後に選挙が行われ、定数規定改正のための検討がほとんど不可能であったような場合には、再度の事情判決を行うことが、事情判決の法理を認めた趣旨に合致するといえる。

　ところで、将来において事情判決の法理が適用されずに定数配分規定の違憲を理由とする選挙無効判決が確定した場合には、その判決の対象となった選挙区の選挙が無効とされ、当該選挙区の選出議員がその地位を失うことになる以上、その欠員の補充のための選挙が必要となる。その場合の選挙の具体的方法については、公職

選挙法109条4号の再選挙によるのか又は特別の立法による補充選挙として実施するのか、憲法に適合するように改正された定数配分規定に基づいて行うのか又は改正される定数配分規定とは別に先行的な措置として行うのか等の検討が必要となるものの、少なくとも、特別の立法による補充選挙を先行的な措置として行うことについては憲法上の支障はなく、また、その他の方法についても立法上の工夫により憲法上支障なく実施することも可能であると考える。

本判決において、全裁判官が一致して違憲の問題が生ずる程度の著しい不平等状態に至っていたとされた本件定数配分規定については、その速やかな是正を図ることが立法府として憲法の要請に応えるものであるが、更に、選挙制度の策定に広範な裁量権が認められた立法府として、選挙無効判決が確定するという万一の場合に生じ得る混乱を最小限に抑えるため、欠員の補充のための選挙についての立法措置についても検討を始めることが今後必要となるものと思われる。

7 以上により、私は、本件定数配分規定は、本件選挙当時、違憲であり、いわゆる**事情判決**の法理により、請求を棄却した上で、主文において**本件選挙が違法である旨を宣言**すべきであると考える。」（強調 引用者）

④ 【**平成21（2009).9.30大法廷判決（参）**】

52）宮川光治判事 **反対意見**（ただし、**違法宣言／人口比例選挙**。是正なき場合は、**無効判決**もあり得るとの**警告付**） 平成21年大法廷判決（参）民集63巻7号1572～1573、1578頁：

「 主権者国民の権利の実現という観点から考えると、投票価値は可能な限り平等でなければならない。人口は、国民代表の唯一の基礎である（フランス1793年憲法21条）。人がどこに住んでいるかによって投票の効果が異なることを、正当化する理由は存在しない。**人口こそが、議席配分の出発点であり、かつ決定的な基準である**。これこそが、平等保護条項の明確で断固とした要請である（**レイノルズ事件**についての**1964年アメリカ合衆国連邦最高裁判所判決法廷意見**）。したがって、法律により選挙区や定数配分を定めるに当たっては、人口に比例して、選挙区間の投票価値の比率を**可能な限り1対1に近づけなければならない。**」（強調 引用者）

「 5 むすび

以上により、私は、本件定数配分規定は、本件選挙当時、違憲無効の状態にあり、いわゆる事情判決の法理により、原判決を変更し、上告人らの請求を棄却するが、主文において本件選挙が**違法である旨を宣言**すべきであると考える。そして、さらに、今後、国会が、抜本的改革に要する合理的期間経過後においても、改革しない場合は、将来提起された選挙無効請求事件において、当該選挙区選挙の結果について**無効**とすることがあり得ることを**付言**すべきものと考える。」（強調 引用者）

53）中川了滋判事 **反対意見**（ただし、**違法宣言**） 平成21年大法廷判決（参）民集63巻7号1542頁：

「 確かに、現行法制下での参議院議員の選挙制度は、創設された当初から、都道府県を選挙区とし、半数改選制への配慮から、各選挙区につき、最小限を2人とする偶数の議員定数を配分する制度を採用してきているところ、このような都道府県単位の選挙区設定及び定数偶数配分制には上記のような一定の合理性を認めることができる。しかし、憲法は二院制と3年ごとの半数改選を定めているにすぎず、**都道府県単位の選挙区設定及び定数偶数配分制は憲法上に直接の根拠を有するものではない**。そして、参議院議員の定数配分については、その後当初の人口分布が大きく変わり、それに伴う人口比例による配分の改定が適宜行われなかったこともあって、最大較差1対6.59まで拡大したこともあり、そのような較差は、当審判決によ

り、違憲の問題が生ずる程度の著しい不平等状態と判断された。ところが、その後2回にわたる定数改正があったにもかかわらず、本件選挙当時にはなお1対4.86の最大較差があったものである。上記1①のとおり、投票価値の平等を憲法の要求であるとする以上、そのような較差が生ずる選挙区設定や定数配分は、投票価値の平等の重要性に照らして許されず、これを国会の裁量権の行使として合理性を有するものということはできないと解するべきである。このような較差が生じている不平等状態は**違憲**とされるべきものと考える。

　3　以上によれば、**本件定数配分規定は違憲**であるが、国会による真摯かつ速やかな是正を期待し、**事情判決の法理に従い本件選挙を違法**と宣言するにとどめ、無効とはしないものとするのが相当である。」（強調　引用者）

54）**那須弘平**判事　**反対意見**（ただし、主文で**違憲確認／2倍説**）　平成21年大法廷判決（参）民集63巻7号1542、1546〜1547頁：

「　1　国民が議会構成員を選挙するについては、1人1票の原則を基本とすべきであるから、ある選挙人に与えられる投票の価値が他の選挙人に与えられる投票の価値の**2倍以上となる事態は極力避けなければならない**。」（強調　引用者）

「　してみると、本件選挙については、適切な対応がなされることなく**1対2**をはるかに超えて1対3に近い大幅な較差が残されたまま実施された点において、憲法の違反があったと判断せざるを得ない。

　5　本件のような選挙定数訴訟において、憲法違反と判断された場合の主文の在り方については、最高裁昭和49年（行ツ）第75号同51年4月14日大法廷判決・民集30巻3号223頁で確立された判例に倣い、主文で請求を棄却しつつ、当該選挙が違法である旨を宣言するいわゆる事情判決にとどめる考え方が有力である。しかし、事情判決といっても、請求全部を棄却するものであることに相違なく、直接、立法府に改正を促す法的効果を持つものでもない。しかも、元来、公職選挙法204条の定める訴訟類型には本件のような違憲を理由とする定数訴訟を含むことは予定されておらず、その上、事情判決の適用も排除される中で、最高裁が法的救済の必要性を重視する立場から、あえて一般法理を適用して示した判断が上記昭和51年大法廷判決であって、同判決は実質的には違憲確認ないし違憲宣言判決に近いものであると見ることができる。以上の来歴を念頭において、本件訴訟の本質を直視すれば、事情判決から竿頭一歩を進めて、端的に**主文で違憲確認**をする方法を認めてもよいのではないかと考える。その場合には、原告の主張の眼目が定数配分の違憲について判断を求める点にあることをも考慮し、違憲確認の対象を定数過少が争われている当該選挙区に関する定数配分規定に絞り、かつ、定数が過少なものにとどめられているという一種の立法不作為の限度において判断すれば足り、選挙自体を無効とするまでのことはないと考える。定数の過少が問題とされる選挙区について、当選者に投票した選挙人のせっかくの政治的意思表示を無に帰し、いったん当選者とされた被選挙人を何の落ち度もないのに国政の場から排除することは、本件訴訟が目的とする範囲を超えて無用な混乱を来すことにもなる。そこで、選挙無効の訴えの中に含まれると解される違憲確認を求める部分に着目し、**主文において本件定数配分規定のうち東京都選挙区の議員数を10人にとどめたままである点につき違憲である旨を確認するとともに、これを超える選挙無効の請求については「その余の請求を棄却する」等の文言により一部認容判決である趣旨を明らかにするのが相当であり**、そうすることが違憲法令審査権を有する最高裁判所の職責を尽くす途にもつながると考える。」（強調　引用者）

55）**田原睦夫**判事　**反対意見**（ただし、**違憲宣言／較差が2倍を超える場合は、合理的**

理由が必要）　平成21年大法廷判決（参）民集63巻 7 号1557、1564〜1565頁：

「　その較差は、**でき得る限り 1 に近づけるよう努力すべきものであり、その較差
が 2 を超える場合には、その較差が生じるについての合理的な理由が明らかにされ
なければならないものというべきである。**」（強調　引用者）

「　かかる最高裁判所大法廷判決がされた以上、国会は、同判決を受けて、参議院
の憲法上の位置付けをも踏まえた上で、既存の選挙制度を抜本的に見直し、国民の
投票価値の平等をできる限り実現し、憲法上の違法評価を受けるおそれのない制度
を、立法をもって構築すべき法的責務を負うに至ったものというべきである。もち
ろん、4 において述べたような選挙制度の抜本的な見直しを、短期間で成し遂げる
ことは困難であって、その見直しには相当程度の期間を要するのであり、その間、
見直しに係る立法がされないことは、即違法との評価を受けるものではない。
　　しかし、**上記平成 8 年判決から本件選挙まで**10年以上の期間を経過しているにも
かかわらず、その間、上記のとおり、平成18年の公職選挙法の改正では、選挙区の
議員定数を一部分見直すことによって選挙区間の投票価値の較差を若干低減させる
弥縫策をとったにとどまり、選挙制度の抜本的改正に着手されることなく推移して
きたのであって、このように長期間、選挙制度の抜本的改正を怠り、違憲状態を放
置してきた国会の対応は、国会に与えられた立法に係る裁量権を合理的に行使すべ
き責務を怠るものとして、**違法であるとの評価を受けざるを得ないものである。**
　　7　まとめ
　　以上のとおり、何らの合理的理由もなく 4 倍を超える投票価値の較差が多数の選
挙区において生じるという違憲状態が長期間にわたって生じ、かつ、その解消のた
めには選挙制度の抜本的改正が必要であることが最高裁判所大法廷判決によって指
摘されたにもかかわらず、その後10年以上かかる改正がされないままの状態の下で
施行された本件選挙は、憲法に反する違法な選挙制度の下で施行されたものとして
無効であるといわざるを得ない。
　　しかし、本件選挙によって選出された議員への影響や、本件選挙後の平成19年11
月30日、参議院に参議院議長の諮問機関として参議院改革協議会が設置され、選挙
制度改正を含む較差是正について抜本的に検討することとされていることにかんが
み、本件では**事情判決の法理**を適用して、本件選挙を**違法と宣言**するにとどめるの
が相当である。」（強調　引用者）

56）**近藤崇晴判事　反対意見**（ただし、**違法宣言／ 2 倍未満説**。次々回選挙でも抜本的
見直しなき場合は、「**事情判決の法理によることの是非が検討されることになろう**」）
平成21年大法廷判決（参）民集63巻 7 号1566、1567、1569〜1570頁：

「　2　本件定数配分規定の憲法適合性
　　このような観点によって本件選挙について見ると、本件定数配分規定の下におけ
る選挙区間の議員 1 人当たりの選挙人数の最大較差は、1 対 4．86に及んでいた。
**この数値は、投票価値の平等がほぼ実現されているといえる最大 2 倍未満の較差を
著しく逸脱するものであり、異なる選挙区間の選挙人の投票価値の平等を大きく損
なうものであったといわなければならない。**」（強調　引用者）

「　したがって、私は、従前の大法廷判決における一般論としての基本的な判断枠
組みの下においても、本件選挙当時、本件定数配分規定によって投票価値の著しい
不平等が生じていたものというほかなく、本件定数配分規定は全体として憲法14条
1 項に違反していたものと考える。この点に関する論旨は理由がある。ただし、本
件選挙のうち提訴に係る選挙区の選挙を無効とするのではなく、いわゆる**事情判決
の法理**により、選挙無効の請求を棄却するとともに、**判決主文**において上記選挙の

違法を宣言するにとどめることが相当である。」（強調　引用者）

「　4　抜本的改正の必要性

　　参議院議員の選挙制度の上記のような基本的な仕組みは、昭和22年に制定された参議院議員選挙法において既に採用されていたものであるが、その当時においては、選挙区間における人口を基準とする最大較差は1対2．62にとどまっていた。最大較差が2倍を超えてはいたが、上記のような国会が正当に考慮することができる政策的目的ないし理由との関連において、投票価値の平等も調和的に実現していたものと評価することができる。しかし、その後の人口変動に伴い、人口ないし選挙人数が改選議員1人当たりの全国平均をはるかに下回る県が増加したことによって、最大較差を4倍以内に収めることすらできなくなったのである。すなわち、参議院議員の選挙制度の基本的な仕組みとして前記の諸点のすべてを維持する限りは、これらの政策的目的ないし理由との関連において投票価値の平等を調和的に実現することは不可能となったものというべきである。これを解決するためには、参議院議員の選挙制度の基本的な仕組みのうち、例えば選挙区割りの見直しなど、憲法の要求する点以外の点について**見直し**を行い、**これを抜本的に改正する**ことが不可避であると考えられる。

　　なお、明年7月に施行される次回の参議院議員通常選挙までには、最小限の是正措置を講ずることは別として、上記のような抜本的な見直しを実現することは困難であろうが、国会においては、4年後に施行される次々回の参議院議員通常選挙までには、憲法の要求する投票価値の平等を他の政策的目的ないし理由との関連において調和的に実現するために、参議院議員の選挙制度の抜本的見直しを行うことが、憲法の要請にこたえるものというべきである。**次々回の選挙もこのような抜本的な見直しを行うことなく施行されるとすれば、定数配分規定が違憲とされるにとどまらず、前記事情判決の法理によることの是非が検討されることになろう。**」（強調引用者）

⑤　**【平成18（2006）.10.4大法廷判決（参）】**

57）**滝井繁男**判事　反対意見（ただし、**違法宣言／2倍説**）　平成18年大法廷判決（参）民集60巻8号2723～2724、2725頁：

「　このような考えに立って、私は、平成16年大法廷判決において、投票が国民が主権者として民主主義社会において最も重要な意思の表明であり、その価値の平等を憲法の要求するものであることを承認する以上、人口比例の原則を柔軟に解し得る参議院の独自性を考慮に入れても、どこに居住するかによって**2倍を超える較差**の生ずることが許されるような大きな価値はなく、国会がもしそれを許容する価値があるというのであれば、そのことを信託者である国民が理解し得る形で提示するべきであるとの意見を明らかにした。」（強調　引用者）

「　6　以上のとおり、公職選挙法が定めた参議院議員選挙の仕組みに、選挙制度において国民の利害や意見を公正かつ効果的に国政に反映させることについての国会の裁量を是認しても、現在の制度の下での前記較差をもって、その正当な行使の結果とは到底いうことができず、本件定数配分規定は投票価値の平等という憲法上の価値を損なうものであって違憲といわなければならない。

　　したがって、原判決を変更し、**事情判決の法理**によって上告人らの請求を棄却するとともに、主文において本件選挙が**違憲である旨の宣言**をするのが相当である。」（強調　引用者）

58）**泉徳治**判事　反対意見（ただし、**違法宣言／2倍説**）　平成18年大法廷判決（参）民集60巻8号2725～2726頁：

「　1　本件選挙当時における選挙区間の議員１人当たりの人口の較差は、最大１対4.92にまで達していたから、本件定数配分規定は、憲法上の選挙権平等の原則に大きく違背し、**憲法に違反する**ことが明らかである。したがって、本件選挙は違法であり、これと異なる原審の判断は是認することができない。原判決を変更し、**事情判決の法理**により請求を棄却するとともに、主文において本件選挙が**違法である**旨の宣言をするのが相当である。

　　2　**１人１票の平等選挙の原則は、我が国憲法が採用する国民主権・議会制民主主義の根幹をなすものである。**議員１人当たりの人口の選挙区間における較差が１対２以上になると、投票価値の較差が２倍以上となり、一部の選挙区の住民に対し実質的に１人当たり２票以上の**複数投票**を認めることになって、民主主義体制の根幹を揺るがすことになるから、憲法に違反することが明らかというべきである（最高裁平成15年（行ツ）第24号**同16年１月14日大法廷判決**・民集58巻１号56頁における**私の反対意見**参照）。」（強調　引用者）

59）**才口千晴判事　反対意見**（ただし、**違法宣言／２倍説**）　平成18年大法廷判決（参）民集60巻８号2729、2731頁：

　「　2　１人１票の平等原則は、具体的な選挙制度においても議員１人当たりの選挙人の数の較差が各選挙区間で限りなく１対１となるように構築されなければならないが、憲法は二院制と参議院議員の３年ごとの半数改選制度等を採用している（42条、46条）ので、選挙人の１票の価値に多少の較差が生ずることはやむを得ない。

　　3　しかし、選挙区間における議員１人当たりの選挙人数の**較差が２倍**を超えることになると、実質的に選挙人１人に２票以上の**複数投票**を認める結果となり、これは憲法により保障された基本的人権の一つである投票価値の平等の原則に反することになるから**憲法違反**となる。

　　これを本件選挙についてみると、選挙区間における議員１人当たりの選挙人数の最大較差は１対5.13となっていた。これは議員１人当たりの選挙人が最少の選挙区の１票が選挙人が最多の選挙区の１票の５倍強の投票価値を有することを意味し、最少の選挙区の選挙人は、１人で実質５票を与えられたことになる。しかも、このような２倍を超える不平等が、程度の差はあれ、半数以上の選挙区に生じている実態をみれば、本件定数配分規定は、憲法が保障する投票価値の平等の原則に大きく違背し、憲法に違反することは明白である。」（強調　引用者）

　「　6　よって、私は、本件においては、原判決を変更し、公益上の見地から無効判決ではなく請求棄却の事情判決にとどめ、主文において本件選挙が**違法である旨の宣言**をするのが相当であると思料する。」（強調　引用者）

⑥ **【平成16（2004）.1.14大法廷判決（参）】**

60）**6判事　反対意見**（ただし、**違憲違法**）（福田博、梶谷玄、深澤武久、濱田邦夫、滝井繁男、泉徳治）　平成16年大法廷判決（参）民集58巻１号74〜75頁：

　「　本件選挙当時における選挙区間の議員１人当たりの選挙人数の最大較差は１対5.06にまで達していたのであるから、**本件定数配分規定**は、憲法上の選挙権平等の原則に大きく違背し、**憲法に違反する**ものであることが明らかである。したがって、**本件選挙は違法**であり、これと異なる原審の判断は是認することができない。この点に関する論旨は理由がある。」（強調　引用者）

61）**福田博判事　追加反対意見**（ただし、**違法宣言／１人１票／是正なき場合は、選挙無効**）　平成16年大法廷判決（参）民集58巻１号77、83〜84頁：

　「　すなわち、現代民主主義政治における投票価値の平等とはあくまでも１対１を

基本とするもので、1対2は1対1ではない（別の言い方をすると、1対2が認められるのであれば、どうして1対3や1対4が認められないのかは、理論的に説明できない。）。」（強調　引用者）

「　(4)ア　以上のとおり、定数配分規定は、本件選挙当時において明らかに違憲であったものであるが、本判決は、選挙後すでに2年半を経過してようやく行われるものであって、今さら無効と宣言することは無用の混乱を招きかねないことから、いわゆる**事情判決の法理**により、主文において**本件選挙の違法を宣言するにとどめるのが適当と考える。**

　　イ　ただし、**次回平成16年に行われる参議院議員選挙以降**、現行の選挙制度が基本的に維持された形で選挙が行われるのであれば、選挙区選挙については、今後は定数配分規定の違憲を理由に、選挙の**無効**を宣言すべきものと考える。このことは、仮に、行政区画にすぎない都道府県を選挙区として各選挙区において3年ごとに選挙を行うという、現行の仕組みを温存するのであれば、選挙が無効とされないためには、多くの選挙区について大幅な定員増を行うことが必然的に必要となることに帰着する。それはとりもなおさず、参議院の選挙区選出議員数の大幅増大を招来する。そのような結果は、国会が、現代民主主義体制にあって、最も基本である選挙権の平等を軽視した制度に固執し続けることから生ずるのであって、これから生ずるすべての問題解決の最終責任は、あげて国会自身にあることは言を俟たない。」（強調　引用者）

62）**梶谷玄判事　追加反対意見**（ただし、**1人1票原則**。2倍を超える場合は、**違憲**。是正なき場合は、**選挙無効**）　平成16年大法廷判決（参）民集58巻1号85～86、88頁：

「　欧米主要民主主義国においては第2次大戦後、選挙における厳格な投票価値の平等原則が確立してきたが、**アメリカ合衆国連邦最高裁判所**では、1963年以降連邦下院議員選挙及び州の二院制の議会の上下両院の議員選挙など公的選挙について**1人1票（one person one vote）の原則**が適用されるべきことが判示され、爾後も投票価値の平等原則は厳格に適用されている（平成10年大法廷判決における裁判官尾崎行信、同福田博の追加反対意見及び本判決における裁判官福田博の追加反対意見参照）。**この1人1票の原則は我が国の選挙権についても同様に適合すべきものである。**すなわち、投票権が平等であるべきことは、国民の基本的人権としての法の下の平等の当然の帰結として、また、国会を国権の最高機関である全国民の代表として構成するための基本原理として、憲法の定めるところであり、選挙制度に当たって考慮されるべき最も重要な基準である。したがって、**最大較差はできるだけ1対1に近づけるべきである**が、従前の多数意見の述べる、国会が正当に考慮することができる他の政策的目的ないし理由との関連で若干の譲歩が許されるときでも、**1対2を超える最大較差**が生じたときは、実質的に1人に2票を与える結果となり、投票価値の不平等が看過できない程度に達したものとして違憲というべきである。」（強調　引用者）

「　よって、本件定数配分規定は違憲であるが、国会による真摯かつ速やかな是正を期待し、今回は事情判決の法理に従い本件選挙を違法と宣言するにとどめ、無効とはしないものとするのが相当である。ただし、本件のような違憲状態が将来も継続するときには、**選挙の無効を宣言すべきである**と考える。」（強調　引用者）

63）**深澤武久判事　追加反対意見**（ただし、**1人1票原則**。2倍を超える場合は、**違憲**。将来効的無効判決も検討すべし）　平成16年大法廷判決（参）民集58巻1号93～95頁：

「　(2)　代表民主制を採る我が憲法の下においては、選挙を通じて代表者を選出する国民各自の権利が、形式的にのみならず、実質的にも平等に保たれるべきことは、

憲法の要請するところと解されるのであり、とりわけ憲法により国権の最高機関であり国の唯一の立法機関であるとされる国会において、衆議院に一部劣後するとはいえほぼ同等の地位を与えられている参議院の選挙制度についても、このことが強く求められているものといわなければならない。したがって、同院の選挙区選挙制度においては、選挙区間における選挙人数又は人口の較差は、**可能な限り1対1に近接させるのが望ましいこと**は、いうまでもないところである。もっとも、投票価値の平等は選挙制度の仕組みを決定する唯一、絶対の基準となるものではないと解されるのであり、国会がその裁量権の範囲内において考慮することが許される他の要素を考慮したために、上記の較差がそれより拡大することとなっても、やむを得ない場合があると考えられる。しかしながら、上記の較差が**1対2以上**に及ぶ場合には、実質的に1人が2票ないしそれ以上の投票権を有するのと異ならないことになるといわざるを得ないから、いかなる場合にもこのような較差を生ずる定数配分を是認することはできないものというべきである。

　　(3) (略)

　　もっとも、諸般の事情に照らし、いわゆる**事情判決の法理**に従い、**本件選挙を違法と宣言する**にとどめ、これを無効としないのが相当であるが、私は、今後も上記の違憲状態が是正されないまま参議院議員選挙が繰り返されることを防ぐために、当審としては、諸外国の一部の憲法裁判所制度で採用されているように、違憲状態にある議員定数配分を一定期間内に憲法に適合するように是正することを立法府に求め、そのように是正されない定数配分に基づく**将来の選挙を無効とする旨の条件付宣言的判決の可能性も検討すべきもの**と考える。」(強調　引用者)

64) 滝井繁男判事　追加反対意見　(ただし、**違法宣言／2倍説**)　平成16年大法廷判決(参)　民集58巻1号100頁：

　　「　私は、この際、選挙権の平等についての憲法的な要請は、投票の価値の算術的平等を志向しており、それを厳密に貫徹し得ないことがあるにしても、その較差が**1対2を超えるようなことは、いかなる理由があっても正当化し得るものではなく、**立法機関の選挙制度制定に当たっての裁量は許容し得るこの範囲内で行使すべきものであることを明らかにすることが必要であり、今日そのことを明らかにすることは司法としての責務でもあると考える。

　　本件において投票価値の較差は、議員1人当たりの人口最大選挙区と最小選挙区の間で**1対2**をはるかに超えており、憲法上、これを正当化することはできないので違憲といわざるを得ない。したがって、原判決を変更し、**事情判決の法理**によって上告人らの請求を棄却するとともに、**主文において本件選挙が違憲である旨の宣言をする**のが相当である。」(強調　引用者)

65) 泉徳治判事　追加反対意見　(ただし、**違法宣言。可及的に1対1に近づけるべし。2倍を超えれば、違憲**)　平成16年大法廷判決　(参)　民集58巻1号100～107頁：

　　「　日本国憲法の前文は、「**日本国民は、正当に選挙された国会における代表者を通じて行動し**」との宣言に始まる。**選挙権**は、議会制民主主義を採る国民主権国家において、国民が自己の意思を表明して国政に参加することを保障するためのものであり、**多数決民主主義の根幹**をなす国民の基本的権利である。そして、民主主義の下では、主権者たる国民はすべて平等であることが基盤となっており、選挙権は国民に平等に保障されなければならない。政治参加における国民の平等が阻害されることがあれば、**議会は民主的政治機構としての正統性を失う**ことにもなりかねないのである。(略)

　　憲法の1人1票の平等理念からすれば、具体的選挙制度の構築に当たっては、議

133

員1人当たりの人口が各選挙区間で可及的に**1対1**に近接するようにすべきであろう。

（略）

しかしながら、少なくとも、議員1人当たりの人口の選挙区間における較差（以下「人口較差」という。）が**2倍（1対2）以上**になると、実質的に1人に2票以上の複数投票を許すことになり、平等選挙の根幹に触れることとなるから、**憲法に違反する**ものといわざるを得ない。

（略）

しかし、国会の最も日常的な活動である法律案の議決に関しては、「**衆議院で可決し、参議院でこれと異なった議決をした法律案は、衆議院で出席議員の三分の二以上の多数で再び可決したときは、法律となる。**」（59条2項）と規定するにとどまるのである。参議院で否決した法律案を衆議院で出席議員の3分の2以上の多数で可決するということは、実際問題として容易なことではないから、**法律案の議決に関しては、参議院は衆議院とほぼ等しい権限を有している**ということができるのである。このことは、**内閣総理大臣の指名**にも事実上大きな影響を与える。我が国憲法の採用する議院内閣制の下では、内閣総理大臣の指名は、国会の有する最も重要な権限の一つである。内閣総理大臣の指名について衆議院が絶対的な優越権を有するとはいえ、法律案の議決を考慮し、参議院でも過半数を制する安定基盤の形成を目指した内閣総理大臣の指名が行われるのである。**予算についても**、その相当部分は法律案の議決を伴なければ執行することができない。こう見てくると、**参議院は、衆議院にほぼ等しい権限を与えられている**といっても、過言ではないのである。そうすると、国民は、**参議院議員の選出**についても、**基本的に平等な選挙権**を与えられなければならず、参議院議員は、全国民を代表する存在でなければならないのである。仮に、法律案の議決についても、衆議院に絶対的な優越権を認めた上で、参議院を衆議院の行き過ぎや偏りを抑止するための慎重審議の場、修正案提議の場にとどめるのであれば、参議院議員の選出について人口比例の原則をある程度後退させ、各都道府県代表の性格を強く持たせるということも考えられないではないが、**現在の参議院の有する権限を考慮すると、それは許されないと考える。**

（略）

選挙権は、表現の自由等と並んで民主主義社会を支える基本的な権利である。その差別的な取扱いに国会の広範な裁量を認めては、民主主義の基盤が揺るぐことになるのである。また、憲法47条は、「選挙区、投票の方法その他両議院の議員の選挙に関する事項は、法律でこれを定める。」と規定しているが、議員定数の配分を含む選挙に関する事項につき、それがすべて憲法上の要請に沿うべきものであることを当然の前提として、その具体化は政令・省令等でなく法律によるべきであるという、選挙事項法律主義の原則を示したものにすぎず、この規定を根拠に国会の広範な裁量権を導くことは許されない。

（略）

民主主義国家にあっては、司法は、国民の代表たる議会の行った立法の相当性に立ち入って審査すべきではなく、また、違憲判断も慎重であるべきである。立法が賢明であるか否かは、国民が投票所における投票によって審査すべきことであり、不賢明な立法の是正は、投票と民主政の過程にゆだねるべきである。**しかし、それは、選挙制度を中心とする民主主義のシステムが正常に機能し、全国民が投票所で正当に意思を表明することができ、その意思が議会に正当に反映される仕組みになっているということが前提となっている。選挙制度が国民の声を議会に届けるシス**

テムとして正当に構築され、**議会が国民代表機関として正当に構成されているという**ことが**大前提**となって、議会には広範な立法裁量権が与えられ、その裁量権行使の是非の審査は投票と民主政の過程にゆだねるということができるのである。選挙制度の構築、特に投票価値についてまで議会が広範な裁量権を有することになっては、議会に対する立法裁量付与の大前提が崩れることになるのである。本件の東京都選挙区の選挙人の立場に即していえば、立法裁量論に依拠する場合、他の地域の選挙人に比して低い投票価値しか与えられていないことの是正を、低い投票価値の故にその声が一部しか反映されることのない国会の広範な裁量にゆだねなければならないことになるが、それが不合理であることは明らかというべきであろう。民主主義のシステムが正常に機能しているかどうか、国民の意思を正確に議会に届ける流れの中に障害物がないかどうかを審査し、システムの中の障害物を取り除くことは、司法の役割である。議員定数配分の問題は、司法が憲法理念に照らして厳格に審査することが必要であると考える。

　私は、本件においては、原判決を変更し、**事情判決の法理**により上告人らの請求を棄却するとともに、主文において本件選挙が**違法である旨の宣言**をするのが相当であると考える。」（強調　引用者）

⑦ **【平成12（2000).9.6大法廷判決（参）】**

66）**5判事　反対意見**（ただし、**違法宣言**）（河合伸一、遠藤光男、福田博、元原利文、梶谷玄）　平成12年大法廷判決（参）民集54巻7号2006～2007、2008～2010頁：

　「　しかし、参議院の独自性は憲法上予定されているところであるにしても、それ自体は投票価値の平等と対立あるいは矛盾するものではないし、衆議院議員の選挙制度の仕組みと異なる選挙制度の仕組みは、投票価値の平等を損なうものしかあり得ないわけでもない。参議院の独自性を確保するという目的から必然的に本件仕組みが導かれるものではないし、まして投票価値の平等が損なわれることの当然の根拠となるものでもないのである。

　四　都道府県代表的要素と投票価値の平等

　本件仕組みによって投票価値の平等が損なわれたのは、多数意見のいう前記二の（二）、すなわち、平成八年大法廷判決の表現にならえば、本件仕組みに事実上都道府県代表的な意義ないし機能を有する要素（以下「都道府県代表的要素」という。）を加味したことの結果である。すなわち、参議院の独自性を確保するためにいかなる要素に着目し、いかなる選挙制度を採用するかについては複数の選択肢があるところ、国会が、それらのうちから都道府県代表的要素を選び、本件仕組みに組み込んだことによるのである。

　しかし、**都道府県代表的要素は、憲法に直接その地位を有しているものではなく**、選挙制度の仕組みを決定するに当たって考慮される要素として、憲法の観点からみるとき、前述のとおり**極めて重要な基準である投票価値の平等に対比し、はるかに劣位の意義ないし重みしか有しないことは明らかである。**」（強調　引用者）

　「　五　追加配分方法とその理由

　本件仕組みのうち前記二の(4)の**追加配分**は、参議院議員選挙法では各選挙区の人口に比例する方法で行われたが、**以来初めての改正である本件改正においては人口比例によらない方法で行われた。**本件改正の結果、後記のとおり、投票価値の著しい不平等が生じているのであるが、もし右の**追加配分を徹底して人口に比例する方法で行っていれば、この不平等の程度を有意に縮小することが可能であったことは、**計算上明らかである。

　国会がいかなる目的ないし理由をしんしゃくして人口比例によらない追加配分方

法を採ったのかは、必ずしも明らかでないが、本件改正の経緯からすると、定数増減の対象となる選挙区を少なくすることにその理由があったものと推測される。そして、多数意見はこれを「議員定数の配分をより長期にわたって固定し、国民の利害や意見を安定的に国会に反映させる機能を持たせる」ものとして、合理性を有するものと解するごとくである。しかし、本件改正に即して考えると、それは、本来の人口比例配分によれば定数を増加されるべき選挙区の国民の選挙権の犠牲において、本来定数を削減されるべき選挙区の国民の利害と意見を安定的に国会に反映させることとするものであって、**憲法の投票価値平等の要求に正面から違反するもの**である。

本件改正において人口比例によらない方法で追加配分をした理由が定数削減の対象となる選挙区を少なくすることにあったとすれば、それが憲法上正当にしんしゃくし得る目的ないし理由といえないことは明らかだといわなければならない。」（強調　引用者）

「　以上のとおり、本件定数配分規定の下においては投票価値の平等が著しく損なわれているところ、憲法上これを正当とすることのできる立法目的ないし理由を見いだすことはできない。本件改正における国会の裁量権の行使は合理性を是認できるものではなく、その許される限界を超えていることは明らかであって、本件定数配分規定は**憲法に違反する**ものと断定せざるを得ないのである。

本件選挙は、本件定数配分規定に基づいて施行されたものであるところ、その当時の選挙人数を基準とする最大較差は**一対四・九八**であり、いわゆる逆転現象が新たに生じていたことも認められる。したがって、本件選挙には憲法に違反する定数配分規定に基づいて施行された瑕疵が存したことになるが、最高裁昭和四九年（行ツ）第七五号**同五一年四月一四日大法廷判決**・民集三〇巻三号二二三頁及び最高裁昭和五九年（行ツ）第三三九号**同六〇年七月一七日大法廷判決**・民集三九巻五号一一〇〇頁の判示するいわゆる**事情判決の法理**により、主文において**本件選挙の違法を宣言する**にとどめ、これを無効としないことが相当と考える。」（強調　引用者）

67）**梶谷玄判事　追加反対意見**（ただし、**違憲。2倍説**）　平成12年大法廷判決（参）民集54巻7号2024〜2025頁：

「　したがって、当初は便宜的な措置として採用されていた定数配分方法にその後も従うことは、投票価値の平等の原則に照らし問題があり、**一対二を超える最大較差**が生じたときは、投票価値の不平等が到底看過することができない程度に達しており、立法裁量権の限界を超えたものとして**違憲**とみるべきであって、前記のように選挙制度の仕組みを変えることにより根本的にその見直しを図るべきであると考える。ただし、その合理性が立証されたときには、一対二以上の較差が許されることもあり得るところであるが、その場合でも右較差がこの比率を大きく超えることは許されないと考える。」（強調　引用者）

⑧　**【平成10（1998).9.2大法廷判決（参）】**

68）**5判事　反対意見**（ただし、**違法宣言**）（尾崎行信、河合伸一、遠藤光男、福田博、元原利文）　平成12年大法廷判決（参）民集52巻6号1385〜1386、1389、1390頁：

「　すなわち、参議院の独自性は憲法上予定されているところであるにしても、**それ自体は必ずしも投票価値の平等と対立あるいは矛盾するものではないから、参議院の独自性をもって直ちに、本件仕組みにより投票価値の平等が損なわれることの合理的根拠とはなし得ないのである。**」（強調　引用者）

「　このような不平等が生じた原因は、基本的には、**都道府県代表的要素を加味した本件仕組みにあるところ、右要素自体は、憲法上にその地位を有するものではな**

く、選挙制度を定めるに当たって極めて重要な基準として憲法の要求する**投票価値の平等に対比し、はるかに劣位**にあるにすぎない。しかも、本件仕組みが最初に採用された昭和二二年当時に比べて、右要素を加味することの必要性ないし合理性は縮小した反面、その間の激しい人口異動による人口の偏在化によって、本件仕組みを維持する限り、投票価値の不平等は拡大するほかない状態となっていた。したがって、本件改正に当たっては、本来、国会は、本件仕組みをそのまま維持するにしても、投票価値の平等が損なわれる程度をできる限り少なくするよう、配慮するべきであったと考えられる。しかるに、国会は、そのような配慮をせず、かえって、**追加配分について、何ら憲法上正当に考慮し得る目的ないし理由もなしに、人口比例によらない方法を採用した結果**、前示のとおり投票価値の著しい不平等が残ることとなったのである。」（強調　引用者）

「　本件選挙には、憲法に違反する定数配分規定に基づいて施行された瑕疵が存したことになるが、最高裁昭和四九年（行ツ）第七五号**同五一年四月一四日大法廷判決・民集三〇巻三号二二三頁**及び最高裁昭和五九年（行ツ）第三三九号**同六〇年七月一七日大法廷判決・民集三九巻五号一一〇〇頁**の判示するいわゆる**事情判決の法理**により、**主文において本件選挙の違法を宣言する**にとどめ、これを無効としないことが相当と考える。」（強調　引用者）

69）尾崎行信判事・福田博判事　追加反対意見（ただし、**1人1票**）　平成10年大法廷判決（参）民集52巻6号1397頁：

「その際にある程度の偏差を許さざるを得ない事情があったとしても、それは例外的場合にのみ許されるべきものであるから、あらゆる工夫を尽くして**較差を最小限にとどめ、可能な限り一対一に近づけるべきである。**」（強調　引用者）

⑨　**【平成8（1996）.9.11大法廷判決（参）】**

70）**6判事　反対意見**（ただし、**違法宣言**）（大野正男、髙橋久子、尾崎行信、河合伸一、遠藤光男、福田博）　平成8年大法廷判決（参）民集50巻8号2302～2303頁：

「　このような経過で、参議院議員の定数配分は、国会によっても人口異動など社会情勢の変化により是正する必要があると認められながら、結果的に、制定時から本件選挙当時まで実に四五年にわたって全く改正されなかったものである。各選挙区に最低二人の議員を配分することの合理性を前提としても、遅くとも、議員一人当たりの選挙人数の最大較差が**五倍を超え**、付加配分区間における定数二人を超える議員一人当たりのそれが三倍を超える状況が定着したとみられる昭和五〇年代半ばころまでには、平等原則に反する**違憲状態**となっていたものであり、本件選挙当時、国会における是正のための**合理的期間をはるかに超えていた**ことは明らかである。

（略）

五　いわゆる事情判決の法理による違法宣言

右のように本件定数配分規定は本件選挙当時において違憲とされるべきものであるが、本件選挙を無効とすることによっても本件訴訟の対象となった選挙区以外の選挙が無効となるものではないこと、本件選挙を無効とする判決の結果一時的にせよ憲法の予定しない事態が現出することになること、本件訴訟提起後平成六年に至って国会において公職選挙法が改正され参議院（選挙区選出）議員の定数配分規定が改められていることにかんがみれば、本件選挙が憲法に違反する議員定数配分規定に基づいて行われた点において違法である旨判示し、主文において右選挙の**違法を宣言する**にとどめるのが相当と考えるものである。」（強調　引用者）

71）福田博判事　追加反対意見（ただし、**衆院参院とも、「選挙人の投票権の平等」**という**投票価値の平等**の基本原則を遵守することが前提となる）　平成8年大法廷判決

（参）民集50巻8号2313頁：

「　いわゆる定数較差の存在は、結果を見れば選挙人の選挙権を**住所がどこにある**
かで差別していることに等しく、そのような差別は民主的政治システムとは本来相
いれないものである。

　　（略）

　第二院については、連邦制あるいは身分制等に基づく選出制度を採用し、選挙人
の**選挙権の平等への配慮を二次的な地位に置く国が世界の中に見られるが、我が国**
にあっては参議院についてそのような特別の選出制度は憲法に規定されておらず、
憲法四三条に定める原則は、衆・参両議院についてひとしく適用される。したがっ
て、参議院に独自性を持たせようとする種々の試みも、選挙人の投票権の平等とい
う基本原則を遵守することが前提となる。」（強調　引用者）

⑩　**【昭和58（1983).4.27大法廷判決（参）】**

72）**団藤重光判事　反対意見**（ただし、**違法宣言**）　昭和58年大法廷判決（**参**）民集
37巻3号371、373〜374頁：

「　最高裁昭和五一年四月一四日大法廷判決・民集三〇巻三号二二三頁（以下「五
一年大法廷判決」という。）は、**衆議院議員選挙**につき各選挙区の議員一人あたり
の選挙人数の較差が約**一対五**であつたという事案について、その配分規定を全体と
して**違憲**の瑕疵を帯びるものと判断したのであつた。これに比較して、本件の一対
五・二六というのは、一段と大きい較差だといわなければならない。もちろん、衆
議院のばあいとちがつて、参議院については、議員の三年ごとの半数改選という憲
法上の要請があり（憲法四六条）、したがつて、また、全国および地方選出議員を
みとめる以上は、全体の定数を増減しないかぎり、地方選出議員の各選挙区への定
数の再配分を試みたとしても、依然としてかなり大きな較差が残るのであつて、較
差の是正にもおのずから限度があることは、多数意見の説示するとおりである。し
かし、わたくしは、このことを充分に考慮に入れても、なおかつ、前記のような**一**
対五・二六という異常な較差を容易に是認するわけには行かないとおもう。」（強調
引用者）

「　このように、立法府が積極的に参議院議員選挙制度の改正をするにあたつては、
きわめて広汎な裁量権をみとめられるべきであるが、しかし、本件では、**前記のよ**
うな異常な較差を生じている事態を立法府は単に看過放置して来たのである。この
ようなことを立法府の裁量権の行使として理解することがはたして許されるであろ
うか。もちろん、立法府として、このような事態に対処するためになんらかの検討
をおこなつて、その結果として、較差の存在にもかかわらず議員定数配分規定の改
正は不要であるとの結論に到達したという事実でもあれば、それは立法府の裁量権
の行使とみとめられてしかるべきであろう。しかし、本件では、そのような事実は
原審によつて確定されておらず、また、たしかに国会の内外で議員定数配分規定の
改正にかかる種々の活動がおこなわれてはいたが、それらの活動の結果、国会の立
法裁量権の行使として、本件参議院議員定数配分規定をそのまま維持するという結
論に達したものとは、とうていみとめることができないのである。

　このようにみて来ると、わたくしは、本件選挙当時において本件参議院議員定数
配分規定は全体として**違憲**の状態にあつたものとみとめざるをえないのである。た
だ、これによつて本件選挙の効力がどのような影響を受けるかについては、さらに
別途の考察が必要である。わたくしは、さきに五一年大法廷判決に関与した一人と
して、この点については右大法廷判決の判旨をそのまま援用する。このようにして、
わたくしは、本件においては、原判決を変更して、上告人の請求を棄却するととも

に、**主文において本件選挙が違法である旨の宣言をする**のを相当と考えるのである。」（強調　引用者）

73）谷口正孝判事　意見（ただし、**違憲状態**）　昭和58年大法廷判決（参）民集37巻3号368〜370頁：

「　ところで、原判決の認定判断するところによれば、本件選挙当時、北海道選挙区（選挙人数三七一万人。万未満切捨、以下同じ。）の議員定数が八人であるのに対し、神奈川県選挙区（選挙人数四四五万人）のそれは四人であり、また、大阪府選挙区（選挙人数五六〇万人）のそれは六人であつて、これらの選挙区については、選挙人の絶対数と議員定数との関係において特に顕著な逆転関係が生じているとみるのが通常人の受止め方であろう。そして、これらの場合につき、被上告人側において前記特段の主張立証のない本件においては、議員定数の配分について**著しい不平等の状態を生じ、国会の裁量権の許容限度を超えていたもの、すなわち憲法違反の状態**を生じていたものというべきである。

　しかしながら、右のことから直ちに本件参議院議員定数配分規定を違憲無効のものと断ずることは困難といわざるをえない。

　思うに、本件参議院議員定数配分規定は、原判決の判示するとおりその制定当初においては憲法一四条一項の規定の要請を充たしていたものであるが、その後の人口の異動によつて次第に右の要請に適合しない状態を生ずるに至つたものというべきである。しかし、このような場合に、いかなる時点において**憲法の要求に反する著しい不平等の状態**に達したものと判断すべきかについては、必ずしも一義的に明白な判断基準を求め難いのであるから、右時点を確定するに困難を伴うもので、結局は第一次的には国会の適切な判断を期待するほかなく、しかも過密区と過疎区との人口偏差が時に従い変動する可能性のある流動的なものであることに思いを致し、かつ、衆議院議員の選挙制度に対する参議院議員の選挙制度の特殊性を考えれば、右変動に対応して議員定数配分規定の頻繁な改正をすることは相当でないばかりか技術上も困難であることは、容易に理解しうるところである。これらのことを考慮すると、本件参議院議員定数配分規定につき、いついかなる時点において**是正の方途を講ずべきか**は、是正の内容、選挙区間の権衡とも関連するものであり、したがつて、これらは、すべて将来の人口の異動の予測その他諸種の政策的要因を勘案して行使される**国会の合理的裁量**に委ねられていると解すべきである。

　このように考えれば、裁判所は、当該議員定数配分規定による定数配分が憲法の要請する投票価値の平等に反するに至つていると考える場合においても、そのゆえをもつて直ちに右規定を違憲と断ずべきものではなく、右に述べた合憲、違憲の判断時点確定の難易及び是正方法の難易、国会の対応態度その他諸般の事情をしんしやくし、**是正実現のために既往の期間を含めてなお相当期間の猶予を認めるべきもの**と考えられるときは、右期間内は、**是正問題**は未だ国会の裁量判断のための猶予期間内にあるものとして違憲の判断を抑制すべきものと解するのが相当である（最高裁昭和四九年（行ツ）第七五号同五一年四月一四日大法廷判決・民集三〇巻三号二二三頁参照）。

　そして、本件参議院議員定数配分規定の**是正問題は、原判示選挙当時未だ国会の裁量判断のための猶予期間内にあつた**ものと解され、裁判所が右規定を違憲と断ずることは相当でなく、したがつて、本件参議院議員定数配分規定の下に執行された本件選挙を違憲無効と断定することもまた困難であるといわなければならない。

　以上の理由で、私は、結論においてこれと同旨の原判決は維持されるべく、本件上告は棄却されるべきものと考える。」（強調　引用者）

第4章　2020年大法廷判決の分析（参）：（本書140〜156頁）

I　令和2（2020）年大法廷判決（参）の分析（本書140〜148頁）

1　【「都道府県を各選挙区の単位とする選挙」「制度の仕組み自体の見直しが必要である」（平成26年大法廷判決（参）参照）】（本書140〜141頁）

⑴　【序】

　令和2（2020）年大法廷判決（参）は、下記⑵〜⑷（本書140〜141頁）に示すとおり、平成29年大法廷判決（参）の「各選挙区の区域を定めるに当り、都道府県という単位を用いること自体を不合理なものとして許されないとしたものではない」の判示（民集71巻7号1150頁）に従うことなく、平成26年大法廷判決（参）の「都道府県を各選挙区の単位とする現行の選挙制度の仕組み」「自体の見直し」（民集68巻9号1380〜1381頁）を要求する判示（平成24年大法廷判決（参）、平成21年大法廷判決（参）も同旨）に従っている、と解される。

　下記⑵〜⑷（本書140〜141頁）で、詳述する。

　⑵　平成26年大法廷判決（参）は、民集68巻9号1375〜1376頁で、

　　「**都道府県を各選挙区の単位とする選挙制度の仕組み**が、長年にわたる制度及び社会状況の変化により、もはやそのような較差の継続を正当化する十分な根拠を維持し得なくなっていることによるものであり、同判決（平成24年大法廷判決　引用者注）において指摘されているとおり、上記の状態を解消するためには、一部の選挙区の定数の増減にとどまらず、**上記制度の仕組み自体の見直しが必要である**といわなければならない。」（強調　引用者）

と判示するとおり、「**上記制度**（すなわち、「**都道府県を各選挙区の単位とする選挙制度**」（引用者　注））**の仕組み自体の見直しが必要である**」（強調　引用者）と明言する。

　　ここで、上記の「**上記制度**（すなわち、「**都道府県を各選挙区の単位とする選挙制度**」（引用者　注））**の仕組み自体の見直しが必要である**」（強調　引用者）の

判示は、「憲法判決中の法律などの合憲・違憲の結論」「に至るうえで直接必要とされる憲法規範的理由づけ」に該当し、**判例としての拘束力を有する判断**である（佐藤幸治『憲法〔第三版〕』27頁（青林書院、1995年）。上記**第1章1(1)ウ**〈本書2～3頁〉参照）。

(3)　しかし、平成29年大法廷判決（参）は、

> 「しかし、この判断は、都道府県を各選挙区の単位として固定することが投票価値の大きな不平等を長期にわたって継続させてきた要因であるとみたことによるものにほかならず、<u>各選挙区の区域を定めるに当たり、都道府県という単位を用いること自体を不合理なものとして許されないとしたものではない。</u>」（強調　引用者）

と判示した（民集71巻7号1150頁）。しかしながら、同判示は、上記の平成26年大法廷判決（参）の、「**上記制度**（すなわち、「**都道府県を各選挙区の単位とする選挙制度**」（引用者　注））**の仕組み自体の見直しが必要である**」（強調　引用者）の判示と**矛盾**する。

平成29年大法廷判決（参）の同判示は、十分な説得力を有する変更の理由を欠いたまま判示されているので、平成26年大法廷判決（参）の上記判示を**不当に判例変更**するものである。

(4)　ところが、令和2（2020）年大法廷判決（参）の判決文から、当該平成29年大法廷判決（参）の上記(3)記載の判示の部分が消えた。

【都道府県を各選挙区の単位とすることを容認する旨の平成29年大法廷判決（参）の当該判示の部分が、令和2（2020）年大法廷判決（参）の判決文から消えたということ】は、令和2（2020）年大法廷判決（参）は、平成29年大法廷判決（参）の上記(3)（本書141頁）記載の判示に従うことなく、平成26年大法廷判決（参）の上記(2)（本書140頁）記載の判示（すなわち、「**都道府県を各選挙区の単位とする選挙**」「**制度自体の見直しが必要である**」旨の判示）**に拘束されて、これに従った**と解される。

これは、重要である。

2 【平成26年大法廷判決（参）の投票価値の較差に関する二段階の判断枠組みのうちの①段階の審査での「違憲状態か否か」の判断基準（判例）は、平成29年大法廷判決（参）の「新しい判断基準」により不当に判例変更されており、かつ令和2（2020）年大法廷判決（参）でも、それは、不当に維持されている】（本書142頁）

　平成29年大法廷判決（参）の投票価値の較差に関する二段階の判断枠組みのうちの①段階の審査での「新しい判断基準」は、客観的指標たる投票価値の最大較差の値および国会の是正に向けての努力を総合考慮して、「違憲状態か否か」を判断する判断基準である。当該「新しい判断基準」は、平成26年大法廷判決（参）の【投票価値の較差に関する二段階の判断枠組みのうちの①段階の審査での、客観的指標のみにより、「違憲状態か否か」を判断する判断基準（判例）】を、十分な説得力を有する変更の理由を付すことなく、**不当に判例変更**するものである。

　ここで、平成26年大法廷判決（参）の【投票価値の較差に関する二段階の判断枠組みのうちの①段階の審査での、客観的指標のみにより、「違憲状態か否か」を判断する判断基準】は、「憲法判決中の法律などの合憲・違憲の結論」「に至るうえで直接必要とされる憲法規範的理由づけ」に該当し、**判例としての拘束力を有する判断**である、と解される（佐藤幸治『憲法〔第三版〕』27頁（青林書院、1995年）。上記**第1章1(1)ウ**〈本書2〜3頁〉参照）。

　ところが、令和2（2020）年大法廷判決（参）は、本件選挙の選挙区割りが「違憲状態か否か」を判断するに当って、平成26年大法廷判決（参）の判断基準を**不当に判例変更**した平成29年大法廷判決（参）の当該「新しい判断基準」に**不当に従っている**。

3 【参議院選挙制度改革の「実現」】（本書142〜143頁）

(1) 令和2（2020）年大法廷判決（参）の
　　「（平成30年）改正は、（略）数十年にわたって5倍前後で推移してきた最大較差を前記の程度まで縮小させた平成27年改正法における方向性を維持するよう配慮したものであるということができる。また、**参議**

院選挙制度の改革に際しては、憲法が採用している二院制の仕組みなどから導かれる参議院が果たすべき役割等も踏まえる必要があるなど、事柄の性質上慎重な考慮を要することに鑑みれば、**その実現は漸進的にならざるを得ない面がある。**」（強調　引用者）。

の文言の末尾の「**その実現は漸進的にならざるを得ない**」（強調　引用者）の「**その実現**」（強調　引用者）とは、文脈に照らして、「参議院選挙制度の改革」（平成27年改正法附則7条参照）の「**実現**」（強調　引用者）を指すと解される。

　（尚、同法附則7条は、『次回の通常選挙に向けて選挙制度の**抜本的見直し**について引き続き検討を行い、必ず結論を得る』旨定めている[65]。）

　(2)　ということは、令和2（2020）年大法廷判決（参）は、参議院選挙制度の改革を漸進的に行うことは憲法上許容されるが、『参議院選挙制度の改革は、最終的には「**実現**」（強調　引用者）されなければならない』旨判示していると解される。

4　【現憲法下では、参議院選挙制度改革の出口は、ブロック制であろう】
（本書143〜147頁）

　(1)　参院選挙制度改革について、参院の選挙制度改革協議会は、2010年〜今日迄の11年間だけをみても、その間、継続して議論を続けているが、そこでは、合区制案とブロック制案の**二択**しか議論されていない。

　(2)　自民党の参院選挙制度改革案は、「改憲したうえで、合区解消」である[66]。そのため、現時点では、合区制は、実現困難と解される。

---

65)　平成27年法律第60号附則7条：「平成31年に行われる参議院議員の通常選挙に向けて、参議院の在り方を踏まえて、選挙区間における議員1人当たりの人口の較差の是正等を考慮しつつ選挙制度の抜本的な見直しについて引き続き検討を行い、必ず結論を得るものとする。」

66)　平成30年5月7日付参議院改革協議会選挙制度に関する専門委員長作成の参議院改革協議会座長宛「参議院改革協議会選挙制度に関する専門委員会報告書」59頁。（東京高裁第15民事部　令和元年（行ケ）第27号選挙無効請求事件　乙11の2）

そうであれば、残る現実的な抜本的改革案の選択肢は、残る**一択**である
ブロック制に絞られると推察される（**下記Ⅱ〈本書149～154頁〉で、詳述す
る**）。

　(3)　平成23（2011）年の故西岡武夫参議院議長の参院選挙制度改革案
（9ブロック制）では、1票の較差（最大）は、**1対1.066**である[67]。これは、
実務上、人口比例選挙である。

　平成30（2018）年に、共産党も9ブロック制を提案している。

　(4)　平成30（2018）年に、公明党、日本維新は、いずれも11ブロック制
改正案を提案している。
　11ブロック制（公明党案）では、1票の較差（最大）は、**1対1.131**であ
る（報告書[66]の76頁）。
　これも、実務上、人口比例選挙である。

　(5)　したがって、令和2（2020）年大法廷判決の「**その実現**」（強調　引
用者）（上記3 (1)、(2)〈本書142～143頁〉参照）とは、結局、現憲法下では、
「ブロック制」の**実現**（強調　引用者）を意味すると推察される。

　(6)　①　令和2（2020）年大法廷判決（参）は、その判決文11頁で、
　「また、**具体的な選挙制度の仕組みを決定するに当たり**、一定の地域
　の住民の意思を集約的に反映させるという意義ないし機能を加味する
　観点から、政治的に一つのまとまりを有する単位である**都道府県の意
　義や実体等を一つの要素**として考慮すること自体が否定されるべきも
　のであるとはいえず、投票価値の平等の要請との調和が保たれる限り

　　（https://www.sangiin.go.jp/japanese/kaigijoho/kyougikai/h29/pdf/h29senkyo_
　　houkoku.pdf）
67）参議院ホームページ：https://www.sangiin.go.jp/japanese/kaigijoho/kento-
　　ukai/pdf/110415.pdf

において、このような要素を踏まえた選挙制度を構築することが直ち
に国会の合理的な裁量を超えるものとは解されない。」（強調　引用者）
と判示する。

　「具体的な選挙制度の仕組みを決定するに当たり、」「都道府県の**意義や
実体等を一つの要素**として考慮すること自体が否定されるべきものである
とはいえ（ない）」（強調　引用者）旨の同判示に照らし、最高裁は、ブロッ
ク制は憲法上許容される、と解していると推察される。

　②　ここで、合区制について考察してみよう。その一例として11合区制
を考察しよう。

A　平成29年大法廷判決（参）（民集71巻7号1149〜1150頁）は、
　「そして、具体的な選挙制度の仕組みを決定するに当たり、一定の地
　域の住民の意思を集約的に反映させるという意義ないし機能を加味す
　る観点から、政治的に一つのまとまりを有する単位である**都道府県の
　意義や実体等を一つの要素として考慮すること自体が否定されるべき
　ものであるとはいえず**、投票価値の平等の要請との調和が保たれる限
　りにおいて、このような要素を踏まえた選挙制度を構築することが直
　ちに国会の合理的な裁量を超えるものとは解されない。
　　（略）
　　しかし、この判断は、都道府県を各選挙区の単位として固定するこ
　とが投票価値の大きな不平等状態を長期にわたって継続させてきた要
　因であるとみたことによるものにほかならず、**各選挙区の区域を定め
　るに当たり、都道府県という単位を用いること自体を不合理なものと
　して許されないとしたものではない。**」（強調　引用者）
と判示する。

　11合区制では、25都道府県については、都道府県を単位とする25選挙区
が残存することとなるが、同判示の「**各選挙区の区域を定めるに当たり、
都道府県という単位を用いること自体を不合理なものとして許されないと**

したものではない。」の文言から、11合区制は合憲と解釈し得た。

　　B　ところが、平成29年大法廷判決（参）の
　　「しかし、この判断は、都道府県を各選挙区の単位として固定することが投票価値の大きな不平等を長期にわたって継続させてきた要因であるとみたことによるものにほかならず、<u>各選挙区の区域を定めるに当たり、都道府県という単位を用いること自体を不合理なものとして許されないとしたものではない。</u>」（強調　引用者）
の文言が、2020年大法廷判決（参）の判決文中から消えた。

　　このことから、【令和２（2020）年大法廷判決（参）は、「選挙制度の仕組みを決定するに当たり、」「都道府県の**意義や実体等を一つの要素**として考慮すること自体は否定されるべきものであるとはいえ」（強調　引用者）ないが、都道府県を**選挙区の単位として用いることは許容しえない**、と判断している】と解される。

　　C　上記(6)①（本書144〜145頁）の令和２（2020）年大法廷判決（参）（その判決文11頁）の
　　「また、**具体的な選挙制度の仕組み**を決定するに当たり、一定の地域の住民の意思を集約的に反映させるという意義ないし機能を加味する観点から、政治的に一つのまとまりを有する単位である**都道府県の意義や実体等を一つの要素**として考慮すること自体が否定されるべきものであるとはいえず、投票価値の平等の要請との調和が保たれる限りにおいて、このような要素を踏まえた選挙制度を構築することが直ちに国会の合理的な裁量を超えるものとは解されない。」（強調　引用者）
の判示の存在と、

【(11合区制〈すなわち、合区対象外の25選挙区では、都道府県が選挙区の単位として残存する〉の合憲論の根拠となりかねない）平成29年大法廷判決（参）の
　　「しかし、この判断は、都道府県を各選挙区の単位として固定することが投票価値

の大きな不平等を長期にわたって継続させてきた要因であるとみたことによるものにほかならず、各選挙区の区域を定めるに当たり、都道府県という単位を用いること自体を不合理なものとして許されないとしたものではない。」（強調　引用者）

の文言が、令和2（2020）年大法廷判決（参）の判決文中から消えたこと】

を考慮すると、11合区制は、現憲法下では、許容し得ない、と解される。

5　【令和2（2020）年大法廷判決（参）が、参議院選挙制度改革の「実現」を明記したことの重要性】（上記3〈本書142〜143頁〉参照）（本書147〜148頁）

（1）　平成21（2009）年に、全国で人口比例選挙訴訟を提訴した時、筆者には、筆者らの提訴は山を動かそうと試みるようなもので、向う200年間、一票の較差解消は困難であろうと思えた。しかし、一票の較差のある選挙（非人口比例選挙）では、有権者が、**有権者多数の意見**（すなわち、過半数の意見）で、国会議員を通じて、内閣総理大臣を指名し、かつ立法することが、保障されない。これは、不条理である。筆者は、困難を覚悟のうえ、目的を共有する弁護士、市民とともに人口比例選挙訴訟を提訴し、平成21（2009）年以降現在に至るまで、国政選挙毎に全国で提訴し続けている。その結果、平成21（2009）年〜令和2（2020）年の11年間で、106個の高裁判決と8個の大法廷判決が言渡された。

　平成23（2011）年と平成24（2012）年に、2個の「違憲状態」大法廷判決（平成23（2011）年大法廷判決（衆）；平成24（2012）年大法廷判決（参））が言渡された。山が動き始めた。

　しかし、平成25（2013）年、平成26（2014）年、平成27（2015）年に、それらから後退した3個の「違憲状態」大法廷判決（平成25年大法廷判決（衆）；平成26（2014）年大法廷判決（参）；平成27（2015）年大法廷判決（衆））が続き、平成29（2017）年、平成30（2018）年には、更に大幅に後退した2個の「留保付き合憲」大法廷判決（平成29（2017）年大法廷判決（参）；平成30

（2018）年大法廷判決（衆））が言渡された。

(2)　令和2（2020）年大法廷判決（参）は、参院選挙制度改革の**「実現」**（強調　引用者）を明示し、平成25（2013）〜平成30（2018）年までの6年間の、5個の大法廷判決（すなわち、平成25（2013）年大法廷判決（衆）、平成26（2014）年大法廷判決（参）、平成27（2015）年大法廷判決（衆）、平成29（2017）年大法廷判決（参）、平成30（2018）年大法廷判決（衆）の5個の大法廷判決）の右肩下りのベクトルを右肩上りのベクトルに変えた。令和2（2020）年大法廷判決（参）は、参議院選挙制度改革の**「実現」**（強調　引用者）を明記した点で高く評価される。

(3)　筆者は、参院選挙制度改革を、中期と長期の2つに分けて考えている。

中期では、次回の参院選（令和4（2022）年）で、抜本的選挙制度改革が行われていない場合は、令和5（2023）年大法廷判決（参）は、「留保付き合憲」判決を言渡すであろうと推察する（ただし、選挙人らの視点から悲観的にみた場合）。

長期では、令和7（2025）年の参院選でも抜本的選挙制度改革が行われない場合は、令和8（2026）年大法廷判決（参）は、「違憲状態」判決を言渡すであろうと推察する（ただし、選挙人らの視点から悲観的にみた場合）。

令和10（2028）年の参院選でも抜本的選挙制度改革が行われていない場合は、令和11（2029）年大法廷判決（参）は、「違法宣言」判決を言渡すであろうと推察する（ただし、選挙人らの視点から悲観的にみた場合）。

最高裁大法廷は、過去2回だけ、「違憲宣言」判決を言渡している（ただし、昭和51（1976）年大法廷判決（衆）、昭和60（1985）年大法廷判決（衆））。それらの2回の違憲宣言判決の場合とも、国会は、これらの最高裁大法廷判決に沿う方向で、公職選挙法を改正した。

昭和51（1976）年大法廷判決（衆）（「違憲宣言」判決）および同60（1985）年大法廷判決（衆）（「違憲宣言」判決）に対する国会のこの対応に照らし

て、筆者は、最高裁が「違法宣言」判決（又は事情判決）を言渡せば、国会は、それに従うであろう、と推察する。

II　令和2（2020）年大法廷判決（参）に照らし、最高裁は、自民党の参院選挙制度改革案が「改憲のうえ、合区解消」であることから、現憲法下での参院選挙制度改革の出口は、ブロック制であろう、とみていると推察される。（本書149〜154頁）

1　令和2（2020）年大法廷判決（参）は、
「⑽　令和元年7月21日、平成30年改正後の本件定数配分規定の下での初めての通常選挙として、本件選挙が施行された。本件選挙当時の選挙区間の最大較差は3.00倍であった。本件選挙において、合区の対象となった徳島県での投票率は全国最低となり、鳥取県及び島根県でもそれぞれ過去最低の投票率となった。また、合区の対象となった4県での無効投票率はいずれも全国平均を上回り、徳島県では全国最高となった。」（判決文9頁）（強調　引用者）、
「また、具体的な選挙制度の仕組みを決定するに当たり、一定の地域の住民の意思を集約的に反映させるという意義ないし機能を加味する観点から、政治的に一つのまとまりを有する単位である都道府県の意義や実体等を一つの要素として考慮すること自体が否定されるべきものであるとはいえず、投票価値の平等の要請との調和が保たれる限りにおいて、このような要素を踏まえた選挙制度を構築することが直ちに国会の合理的な裁量を超えるものとは解されない。
（略）
　平成28年選挙施行後、参議院改革協議会の下に設置された選挙制度に関する専門委員会において、一票の較差、選挙制度の枠組み、議員定数の在り方、選挙区の枠組み等について議論が行われ、合区制度の是非や、都道府県を単位とする選挙区に代えてブロック選挙区を導入すること等の見直し案についても幅広く議論が行われた。しかしながら、選挙制度改革に関する具体案について各会派の意見の隔たりは大

きく、一致する結論を得ることができないまま、本件選挙に向けて平成30年改正法が成立したものである。このような経緯もあり、同法の内容は、**選挙区選出議員に関する従来からの選挙制度の基本的な仕組み自体を変更するものではないが**、上記のとおり**合区の解消を強く望む意見も存在する**中で、平成27年改正により縮小した較差を再び拡大させないよう**合区を維持**することとしたのみならず、長らく行われてこなかった総定数を増やす方法を採った上で埼玉県選挙区の定数を2人増員し、較差の是正を図ったものである。その結果、平成27年改正により5倍前後から約3倍に縮小した選挙区間の較差（平成28年選挙当時は3.08倍）は僅かではあるが更に縮小し、2.99倍（本件選挙当時は3.00倍）となった。

　(4)　前記2(8)のとおり、平成29年大法廷判決は、**平成27年改正法附則7条が次回の通常選挙に向けて選挙制度の抜本的な見直しについて引き続き検討を行い必ず結論を得る**旨を規定していること等を指摘した上で、平成27年改正は、長年にわたり選挙区間における大きな投票価値の不均衡が継続してきた状態から脱せしめるとともに、更なる較差の是正を指向するものと評価することができるとし、このような事情を総合すれば、平成28年選挙当時の選挙区間における投票価値の不均衡は、違憲の問題を生ずる程度の著しい不平等状態にあったものとはいえないと判示した。

（略）

　しかしながら、前記のような平成30年改正の経緯及び内容等を踏まえると、同改正は、参議院議員の選挙制度について様々な議論、検討を経たものの容易に成案を得ることができず、**合区の解消を強く望む意見も存在する中で**、合区を維持して僅かではあるが較差を是正しており、数十年間にわたって5倍前後で推移してきた最大較差を前記の程度まで縮小させた平成27年改正法における方向性を維持するよう配慮したものであるということができる。また、参議院選挙制度の改革に際しては、憲法が採用している二院制の仕組みなどから導かれる参議院が果たすべき役割等も踏まえる必要があるなど、事柄の性質上慎

重な考慮を要することに鑑みれば、**その実現は漸進的にならざるを得ない面がある。**そうすると、立法府の検討過程において較差の是正を指向する姿勢が失われるに至ったと断ずることはできない。

　⑸　以上のような事情を総合すれば、本件選挙当時、平成30年改正後の本件定数配分規定の下での選挙区間における投票価値の不均衡は、**違憲の問題が生ずる程度の著しい不平等状態にあったものとはいえず、**本件定数配分規定が憲法に違反するに至っていたということはできない。」（判決文11〜13頁）（強調　引用者）

と判示する。

　同判示および平成26（2014）年大法廷判決（参）の**「上記の状態を解消するためには、一部の選挙区の定数の増減にとどまらず、上記制度**（すなわち、「都道府県を各選挙区の単位とする選挙制度」（引用者　注））**の仕組み自体の見直しが必要である」**（強調　引用者）との判示（上記１⑵〈本書140〜141頁〉参照）に照らし、最高裁は、平30.5.7付参議院改革協議会選挙制度に関する専門委員会報告書[66]59頁（乙11の２）記載の自民党の選挙制度改革案（すなわち、「改憲のうえ、合区解消」案）を考慮のうえ、

　　『自民党が、「憲法改正のうえ、合区解消」を主張して、合区制に強く反対しているので、合区制は、現憲法下では実施困難であろう。

　　　他方で、ブロック制は、現憲法下で適法に実施可能である。

　　　よって、参議院選挙制度改革の出口は、現憲法下では、ブロック制であろう。』

と解していると推察される。

　詳述すれば、

　最高裁は、選挙制度をどうするかの問題は、司法ではなく、国会で解決すべき問題であるという最高裁の伝統的な立場から（ただし、筆者も、この最高裁の立場は、三権分立を採用する憲法の内容に沿うと考える）、参院選選挙改革の出口が何であるかについて言及していない。しかしながら、最高裁は、以下のように、現憲法下では、参院選選挙改革の出口はブロック制

であろう、と考えていると推察される[68]。

　『平成22（2010）年～今日迄の11年間で、参議院改革協議会の傘下の専門委員会で各会派が、提出した改革案は、ブロック制か、合区制の**二択**に限られている。したがって、ブロック案、合区案の二択以外の改革案は、事実上想定困難である。

　自民党の選挙改革案が、「改憲のうえ、合区解消[65]」であるとおり、自民党は、現憲法下での合区制に反対である。よって、現憲法下では、合区制は、立法困難であろう。結局、現憲法の下での、適法な選挙改革は、**残る一択**のブロック制ということになろう。』と。

2　上記1（本書149～152頁）に加えて、下記(1)～(7)（本書152～154頁）の事情から、参院選挙制度改革の出口は、現憲法下では、合区制でなく、ブロック制であろうと解される。

(1)　令和2（2020）年大法廷判決（参）が、

　「　(10)　令和元年7月21日、平成30年改正後の本件定数配分規定の下での初めての通常選挙として、本件選挙が施行された。本件選挙当時の選挙区間の最大較差は3.00倍であった。本件選挙において、合区の**対象となった徳島県での投票率は全国最低**となり、**鳥取県及び島根県**でもそれぞれ**過去最低の投票率**となった。また、合区の対象となった**4県での無効投票率**はいずれも全国平均を上回り、**徳島県では全国最高**となった。」（判決文9頁）（強調　引用者）

と判示するとおり、令和元（2019）年7月21日施行の参院選において、合区の対象となった4県（すなわち、鳥取県、島根県の2県と高知県、徳島県の2県）に住所を有する有権者が、投票率、無効投票率のいずれについても、残余の43都道府県にそれぞれ住所を有する有権者と比べて、合区制により明らかにマイナスの影響を受けた（同判決文・9頁参照）。

　参院選は、全国で一斉に施行される国政選挙であるから、【合区の対象

68）なお、少数意見であるが、平成12年大法廷判決（参）（梶谷反対意見）、平成21年大法廷判決（参）（宮川反対意見）、平成24年大法廷判決（参）（金築反対意見）、平成26年大法廷判決（参）（鬼丸反対意見）、平成29年大法廷判決（参）（山本反対意見）がブロック制に言及している。

となった４県（鳥取県・島根県と高知県・徳島県）にそれぞれ住所を有する有権者のみに、投票率、無効投票率の点で、残余の43都道府県にそれぞれ住所を有する有権者が被らないマイナスの影響が集中するような合区制】は、当該マイナスの影響が生じない他の方法（ブロック制）が存在する限り、回避されなければならない、と解される。

　ところが、合区制を止めて、ブロック制を採用すれば、当該マイナスの影響は、容易に回避され得る。

(2)　上記(1)記載事項以上に、合区制を避けるべき理由は、
　【合区制が相対的に人口の大きい県（すなわち、吸収する県）と相対的に人口の小さい県（すなわち、吸収される県）の間でなされ、かつ当該合区に配分される参院議員の定数の数が１である場合、人口の相対的に小さく県に住所を有する有権者は、<u>少なくとも当該合区制のスタート時から数年間は、</u>自らの地元の県の参院議員に投票しても、その投票が、当該参院議員の当選に結び付く機会が著しく低下するという、謂われなき不合理な不利益を伴うこと】
である。

　合区制ではなく、ブロック制を選択すれば、かかる不利益は回避され得るのであるから、【敢えて、ブロック制を選択せず、合区制を選択すること】は、不合理な選択であると解される。

(3)　例えば、仮に、全47都道府県のうち隣接する県同士の合区が11個成立したとしよう。そうすると、残余の25都道府県は、全て都道府県を単位とする選挙区のままである。これらの25都道府県の25選挙区は、都道府県を単位とする各選挙区を見直すべきできあるとする、平成26年大法廷判決（参）の判例に反することになる（上記Ⅰ１(2)〈本書140～141頁〉参照）。

(4)　憲法15条１項は、【国民が、国会議員を選挙によって選出する「**国民固有の権利**」を有すること】を保障している。
　【敢えて採用可能なブロック制を避けて、合区制採用の立法を行うこ

と】は、合区制がスタートしてから少なくとも数年間は、合区対象の
人口の相対的に小さい県に住所を有する有権者に、その有権者の投票
結果について、決定的不利益を伴うリスク（すなわち、従来投票して当
選させてきた地元の議員を合区制採用の結果、当選させられなくなり得る
というリスク）を負担させる点で、謂われなき不合理であり、憲法15
条1項に違反する、と解される。

(5) 都道府県単位の各地方組織が自民党組織を支える土台であるが故に、
自民党にとっては、【互いに隣接する2つの都道府県を合区の対象とする
こと】は、実施困難であろうと、容易に推察される。

(6) 他方で、ブロック制においては、衆院選比例代表制が平成6
(1994) 年～今日迄の26年間、11ブロック制で何らの問題もなく、円滑に
実施されている実績がある。
　したがって、【自民党にとって、ブロック制による参院選選挙が実施困
難である】とは、解し難い。

(7) 平成30年5月7日付の同専門委員会報告書[66]によれば、各会派は、
それぞれ、以下のとおり参議院選挙制度改革案を提出している。
　　自民　「改憲のうえ、合区解消」。
　　民進　具体案の提出ナシ。
　　公明　11ブロック制（1票の較差　1対1.131[66]）。
　　維新　11ブロック制。
　　共産　9ブロック制。
　更に、2011年・西岡武夫参院議長案は、9ブロック制である（1票の較
差　1対1.066[67]）。

III　平成23年大法廷判決（衆）の「地域性に係る問題のために、殊更に、
ある地域（都道府県）の選挙人と他の地域（都道府県）の選挙人との間に
投票価値の不平等を生じさせるだけの合理性があるとはいい難い。」との

判示（判例）（本書154〜156頁）

平成23年大法廷判決（衆）の

「しかし、この選挙制度によって選出される議員は、いずれの地域の選挙区から選出されたかを問わず、全国民を代表して国政に関与することが要請されているのであり、相対的に人口の少ない地域に対する配慮はそのような活動の中で全国的な視野から法律の制定等に当たって考慮されるべき事柄であって、地域性に係る問題のために、殊更に**ある地域（都道府県）の選挙人と他の地域（都道府県）の選挙人との間に投票価値の不平等を生じさせるだけの合理性があるとはいい難い。**」（民集65巻2号779頁）（強調 引用者）

の判示のうちの「地域性に係る問題のために、殊更に**ある地域（都道府県）の選挙人**と**他の地域（都道府県）の選挙人**との間に投票価値の不平等を生じさせるだけの合理性があるとはいい難い。」（強調 引用者）は、「憲法判決中の法律などの合憲・違憲の結論」「に至るうえで直接必要とされる憲法規範的理由づけ」に該当し、判例としての拘束力を有する判断である、と解される（佐藤幸治『憲法〔第三版〕』27頁〔青林書院、1995年〕。上記**第1章1(1)ウ**〈本書2〜3頁〉参照）。

そして、当該判例は、爾後今日に至るまで、判例変更されていない。

更に、平成26年大法廷判決（参）は、民集68巻9号1374頁で、

「さきに述べたような憲法の趣旨、参議院の役割等に照らすと、**参議院は衆議院とともに国権の最高機関として適切に民意を国政に反映する機関としての責務を負っている**ことは明らかであり、**参議院議員の選挙であること自体から**、直ちに投票価値の平等の要請が**後退してよいと解すべき理由は見いだし難い。**」（強調 引用者）

と判示する。

上記平成26年大法廷判決（参）の判示に照らし、衆院選と参院選のいずれにおいても、「ある地域（都道府県）の選挙人と他の地域（都道府県）の選挙人との間」で投票価値の不平等についての規範に、差異はないと解さ

れるので、上記平成23年大法廷判決（衆）の「地域性に係る問題のために、殊更に**ある地域（都道府県）の選挙人と他の地域（都道府県）の選挙人との間に投票価値の不平等を生じさせるだけの合理性があるとはいい難い。**」の判示（判例）は、参院選についても、準用されると解される。

多数の合区制の場合、多数の合区（例えば、11合区〈22県〉）を除いた残余の都道府県（例えば、11合区の例では、残余の25都道府県）の各選挙区選挙は、「ある地域（都道府県）の選挙人と他の地域（都道府県）の選挙人との間」で、現に投票価値の不平等が存在するので、合区対象外の残余の都道府県の各選挙区の選挙については、準用される平成23年大法廷判決（衆）の「地域性に係る問題のために、殊更に**ある地域（都道府県）の選挙人と他の地域（都道府県）の選挙人**との間に投票価値の不平等を生じさせるだけの合理性があるとはいい難い。」の判示（判例）に反する、と解される。

補遺

筆者は、平成28年改正法、平成29年改正法のアダムズ方式に基づく選挙区割りが憲法違反であることについて、弊著『統治論に基づく人口比例選挙訴訟』（日本評論社、2020年3月31日）72〜76頁の中で詳述していない。

しかしながら、筆者は、ここで、アダムズ方式を用いた選挙区割りの選挙は、【憲法56条2項、前文第1項第1文冒頭の人口比例（1人1票）選挙の要求】に反するものであり、その結果、憲法98条1項により、無効である旨明確に主張する。

念のため、この論点を付言する。

《著者紹介》

升永 英俊（ますなが ひでとし）　弁護士、弁理士

●──略歴

1942年	生
1961年	東京都立戸山高等学校卒業
1965年	東京大学法学部卒業
	住友銀行勤務
1973年	東京大学工学部卒業
	第一東京弁護士会登録
1979年	コロンビア大学ロースクール卒業（LL.M.）
1981年	米国首都ワシントン D.C. 弁護士登録
1984年	ニューヨーク州弁護士登録
2008年	TMI 総合法律事務所

統治論に基づく人口比例選挙訴訟III（とうちろんにもとづくじんこうひれいせんきょそしょう）

2021年5月3日　第1版第1刷発行

著　者──升永英俊
発行所──株式会社　日本評論社
　　　　　〒170-8474 東京都豊島区南大塚3-12-4
　　　　　電話03-3987-8621（販売：FAX‐8590）
　　　　　　　　03-3987-8592（編集）
　　　　　https://www.nippyo.co.jp/　振替　00100-3-16
印刷所──精文堂印刷株式会社
製本所──株式会社難波製本
装　丁──図工ファイブ

検印省略　　©2021　Hidetoshi Masunaga
ISBN978-4-535-52555-9　　　　　　　　　　　　　　Printed in Japan